OCT 2 8 2021

HÁBITOS
de una
mujer piadosa

JOYCE MEYER

ORIGEN

Penguin
Random House
Grupo Editorial

Título original: *Habits of a Godly Woman*
Primera edición: julio de 2021

Esta edición es publicada bajo acuerdo con
Hachette FaithWords, New York, New York, USA. Todos los derechos reservados.

© 2020, Joyce Meyer
© 2021, Penguin Random House Grupo Editorial USA, LLC
8950 SW 74th Court, Suite 2010
Miami, FL 33156

Traducción: Melanie Márquez-Adams

A menos que se indique lo contrario, todas las citas bíblicas fueron tomadas de la Santa Biblia,
Nueva Versión Internacional, NVI, ©1973, 1978, 1984, 2011.

Impreso en Estados Unidos / *Printed in USA*

ISBN: 978-1-64473-376-9

ORIGEN es una marca registrada de Penguin Random House Grupo Editorial

21 22 23 24 25   10 9 8 7 6 5 4 3 2 1

Índice

INTRODUCCIÓN

Cambia tus hábitos, cambia tu vida. Puede parecer una afirmación audaz, pero creo que es cierta. En gran medida, tu vida se compone de tus hábitos: las cosas que piensas, dices y haces repetidamente. La forma en que utilizas tu tiempo, tu dinero y tu energía cada día se basa en gran medida en los hábitos. Si eres como la mayoría de las personas, tienes algún tipo de rutinsa para cada día. Incluso si la rutina diaria varía, es posible que tengas una rutina para cada semana, ciertas cosas que deseas hacer y ciertas cosas que debes hacer. Con el tiempo, esas cosas se han convertido en hábitos para ti.

En nuestra vida física intervienen todo tipo de hábitos, a veces sin que nos demos cuenta. Tenemos el hábito de ir a trabajar, el hábito de cepillarnos los dientes, el hábito de visitar al médico para un examen físico anual, el hábito de sacar la basura ciertos días de la semana, los hábitos de cocinar y limpiar la casa y los hábitos con nuestros amigos y familiares. También podemos tener hábitos relacionados con el ejercicio o la falta de ejercicio o hábitos relacionados con la cantidad de tiempo que pasamos viendo televisión o mirando la pantalla de un dispositivo electrónico.

También tenemos hábitos en nuestra mente. Podemos tener actitudes mentales positivas y patrones de pensamiento que nos hacen tener confianza en todo lo que hacemos o podemos tener hábitos de pensamientos negativos que hacen que todo parezca una tarea. Es posible que tengamos maneras de pensar acerca de recursos como el dinero o el tiempo que nos permiten usarlos sabiamente, o maneras de pensar que nos mantienen continuamente endeudadas o estresadas porque se nos hace tarde.

Además de nuestros hábitos físicos y mentales, también tenemos muchos hábitos emocionales. Podemos tener el hábito de sentir lástima de nosotras mismas cuando no obtenemos lo que queremos. Es posible que tengamos el hábito de sentir miedo cuando escuchamos truenos y vemos relámpagos. Un hábito emocional de ira o juicio hacia cierta persona puede estar arraigado en nosotras. Cuando vemos a personas que obviamente están necesitadas o en constante lucha por salir adelante, puede que tengamos el hábito de sentir compasión y tender la mano para ayudarlas.

Los hábitos que he mencionado son solo algunos de los que determinan cómo vivimos. Estoy segura de que, si te detienes y lo piensas, podrías identificar muchos de tus hábitos. Algunos pueden ser buenos, como mantener limpio tu automóvil, usar cupones para ahorrar dinero en el supermercado o visitar a alguien en un asilo de ancianos todas las semanas; otros pueden ser los que te gustaría cambiar, como morder tus uñas, beber demasiada cafeína o sentirte fácilmente frustrada. La buena noticia sobre los hábitos es que siempre se pueden cambiar. Cada día, tienes la oportunidad de desarrollar un nuevo hábito o de romper uno malo y reemplazarlo por uno bueno.

Cuando escucho a las mujeres hablar sobre sus hábitos, generalmente no mencionan sus buenos hábitos, pero sí hablan de querer cambiar los malos. Nunca he conocido a alguien que no tenga buenos hábitos, pero tampoco he conocido a una mujer que no tenga algunos hábitos que le gustaría cambiar. Todas tenemos una mezcla de buenos y no tan buenos hábitos, por lo que todas tenemos oportunidad de mejorar.

En este libro, no quiero simplemente hablar sobre cambiar nuestros hábitos, aunque leerás mucho al respecto. También quiero explorar específicamente contigo los hábitos de una mujer piadosa. No cualquier mujer, sino una que quiere seguir creciendo en Dios y vivir todos los aspectos de su vida como Él quisiera que ella los viviera. El libro no trata sobre cada uno de los hábitos de una mujer piadosa, pero se enfoca en algunos importantes y que te ayudarán a llegar más lejos en tu búsqueda por convertirte en una mujer más piadosa.

Muchos adjetivos pueden describir a una mujer. Ella puede ser exitosa, hermosa o inteligente. Puede ser una talentosa artista, cantante o ama de casa. Puede estar especialmente dotada de todo tipo de destrezas y tener muchos atributos diferentes, pero la mejor cualidad que puede tener una mujer es la virtud. Creo que una mujer piadosa es alguien segura de sí misma, serena y que disfruta de la vida. Ha desarrollado hábitos que la hacen como Cristo en su comportamiento y se deleita en seguir creciendo en Él. Ella lo representa bien en todos los lugares a los que va y es una bendición para todas las personas con las que entra en contacto.

Convertirse en una mujer piadosa es un proceso. No sucede de la noche a la mañana. El apóstol Pablo dice que "somos transformados a su semejanza con más y más gloria por la acción del

Señor, que es el Espíritu" (2 Corintios 3:18 NVI), lo que es una forma del Nuevo Testamento de decir que Dios sigue cambiándonos, llevándonos continuamente de un nivel de madurez espiritual al siguiente. Una manera de ser disciplinadas y diligentes en nuestro crecimiento espiritual es desarrollar hábitos que nos ayuden a ser cada vez más piadosas. En lugar de perder nuestro tiempo tratando de romper malos hábitos, sugiero que nos concentremos en crear otros buenos. Enfocar nuestra energía en rumbos positivos suele ser un mejor camino para cambiar que enfocarnos continuamente en nuestras debilidades, pues esto puede causar que nos desanimemos y nos quedemos estancadas en esos mismos hábitos que más necesitamos eliminar. Al mantenernos enfocadas en un cambio positivo, avanzamos hacia convertirnos en las personas que Dios quiere que seamos, y podemos experimentar el gozo y el sentido de propósito que viene con el cumplimiento de sus planes para nuestras vidas.

El deseo de Dios es que tú y yo seamos "según la imagen de su Hijo" (Romanos 8:29). Cuando leí este versículo por primera vez, lo leí en la Biblia Amplificada, Edición Clásica en inglés (AMPC), lo que me ayudó a comprender que ser conforme a la imagen de Cristo es "compartir interiormente su semejanza". Dios está listo y dispuesto a ayudarnos a ser más como Jesús por el poder del Espíritu Santo, pero Él no lo hará todo por nosotras. Necesitamos ser obedientes a su dirección y trabajar con el Espíritu Santo para desarrollar hábitos virtuosos. He escrito este libro para ayudarte a hacer eso.

Al final de cada capítulo, encontrarás una lista de tres o cuatro referencias bíblicas bajo el título "Creadores de hábitos". Estos versículos y pasajes de la Biblia te ayudarán a saber lo que dice la Palabra de Dios sobre cada hábito y te apoyarán a medida que integres cada práctica en tu vida. Los expertos dicen que desarrollar un nuevo hábito o reemplazar uno malo por uno bueno puede llevar de veintiuno a treinta días, por lo que tienes que prepararte para recorrer el camino. Esto llevará un tiempo, pero una vez que el hábito se convierta en parte de tu vida, no tendrás que volver a desarrollarlo; simplemente necesitarás mantenerlo.

Cuando llegues al final del libro y hayas leído acerca de los diversos hábitos de una mujer piadosa, encontrarás consejos y motivación útiles sobre pasos prácticos que puedes seguir para desarrollar y fortalecer los hábitos que te gustaría ver en tu vida. Me alegra compartir esta información contigo, y oro para que encuentres este libro valioso a medida que continúas convirtiéndote en la mujer que Dios quiere que seas.

Un modelo de conducta para una mujer piadosa

¡Oh, tener una iglesia edificada con la virtud profunda de las personas que conocen al Señor en sus corazones y que buscarán seguir al Cordero dondequiera que vaya!

—Charles Spurgeon

Durante años, la gente ha pensado en la mujer descrita en Proverbios 31:10-30 como la clase de persona a la que las mujeres cristianas deberían aspirar. Puedes encontrar tarjetas de felicitaciones, arte mural, platos decorativos, tazas de café, camisetas y otros artículos con este pasaje impreso porque muchas mujeres conocen a alguien que ejemplifica las cualidades de esta mujer, y muchas quieren que se les aplique las palabras que la describen. Muchos obituarios y servicios funerarios incluyen estas palabras porque las personas sienten que son apropiadas para mujeres piadosas con vidas ejemplares.

No queremos cometer el error de ser legalistas en nuestra comprensión de las cualidades de la mujer de Proverbios 31. Si bien sus hábitos y prácticas nos brindan excelentes ejemplos, Dios hizo que cada una de nosotras fuera única. Porque a menudo es nuestra propia singularidad la que nos prepara para hacer y ser todo lo que Él ha planeado para nosotras, debemos tener cuidado de emular los hábitos de la mujer de Proverbios 31 en formas auténticas, no legalistas o rígidas. Por eso la guía del Espíritu

> *No nos esforzamos por llegar a ser como otra persona, sino que buscamos en oración convertirnos en la expresión más completa de la persona que Dios quiere que cada una de nosotras seamos.*

Santo es tan importante en este proceso. No nos estamos esforzando para convertirnos en otra persona; buscamos con oración llegar a ser la expresión más completa de la persona que Dios quiere que seamos. Sin embargo, la mujer de Proverbios 31 definitivamente demuestra muchas cualidades de una mujer piadosa, y por esa razón, quiero comenzar este libro observando atentamente la forma en que ella vive.

Mujer ejemplar, ¿dónde se hallará?

¡Es más valiosa que las piedras preciosas!

Su esposo confía plenamente en ella y no necesita de ganancias mal habidas.

Ella le es fuente de bien, no de mal, todos los días de su vida.

Anda en busca de lana y de lino, y gustosa trabaja con sus manos.

Es como los barcos mercantes, que traen de muy lejos su alimento.

Se levanta de madrugada, da de comer a su familia y asigna tareas a sus criadas.

Calcula el valor de un campo y lo compra; con sus ganancias planta un viñedo.

Decidida se ciñe la cintura y se apresta para el trabajo.

Se complace en la prosperidad de sus negocios, y no se apaga su lámpara en la noche.

Con una mano sostiene el huso y con la otra tuerce el hilo.

Tiende la mano al pobre, y con ella sostiene al necesitado.

Si nieva, no tiene que preocuparse de su familia, pues todos están bien abrigados.

Las colchas las cose ella misma, y se viste de púrpura y lino fino.

Su esposo es respetado en la comunidad; ocupa un puesto entre las autoridades del lugar.

Confecciona ropa de lino y la vende; provee cinturones a los comerciantes.

Se reviste de fuerza y dignidad, y afronta segura el porvenir.

Cuando habla, lo hace con sabiduría; cuando instruye, lo hace con amor.

Está atenta a la marcha de su hogar, y el pan que come no es fruto del ocio.

Sus hijos se levantan y la felicitan; también su esposo la alaba:

«Muchas mujeres han realizado proezas, pero tú las superas a todas».

Engañoso es el encanto y pasajera la belleza; la mujer que teme al Señor es digna de alabanza.

¡Sean reconocidos sus logros, y públicamente alabadas sus obras!

(Proverbios 31:10-30)

Espero que te tomes el tiempo para leer estas palabras más de una vez y pensar en ti y en tu

vida. Probablemente verás algunas característi-
cas de la mujer piadosa que crees que te describen con bastante precisión y reconocerás algunas
cosas que ella hizo bien y que tú también haces.
A medida que leas sobre ella, puedes darte cuenta de que deseas mejorar en ciertos aspectos y
puedes identificar áreas donde te cuesta más des-
tacar.

Parte de crecer como una mujer piadosa significa construir sobre aquello en lo que ya eres
buena y mejorar en áreas que no son tus mayores fortalezas. También implica conocerte a ti misma lo suficientemente bien como para identificar
cuáles son tus fortalezas y debilidades. Tengo una
amiga que definitivamente no es una buena coci-
nera. No le gusta cocinar y no lo hace, pero tampoco tiene ganas de que le guste. Entonces, o bien
su esposo cocina o piden comida para llevar, y eso
está bien. Parte de ser una mujer piadosa es aceptar tu singularidad y no sentir vergüenza si no eres
como otras mujeres que conoces.

A lo largo de este libro, reconocerás que algunos de los hábitos que te ayudarán a crecer en la virtud se mencionan en Proverbios 31. Por ejemplo, hay un versículo sobre la excelencia, uno sobre el servicio a los demás, otro sobre la disciplina y otro sobre la generosidad. Todos estos describen a la mujer piadosa.

Una mujer piadosa posee una gran fuerza y es una bendición dondequiera que vaya. Yo creo que esto es lo que tú y Dios quieren para ti. ¡Puedes contar con Él para ayudarte!

Creadores de hábitos

No se amolden al mundo actual, sino sean transformados mediante la renovación de su mente. Así podrán comprobar cuál es la voluntad de Dios, buena, agradable y perfecta.

Romanos 12:2

Por lo tanto, si alguno está en Cristo, es una nueva creación. ¡Lo viejo ha pasado, ha llegado ya lo nuevo!

2 Corintios 5:17

No amen al mundo ni nada de lo que hay en él. Si alguien ama al mundo, no tiene el amor del Padre. Porque nada de lo que hay en el mundo —los malos deseos del cuerpo, la codicia de los ojos y la arrogancia de la vida— proviene del Padre, sino del mundo.

1 Juan 2:15–16

CAPÍTULO 2

El hábito de la Palabra de Dios

Cuando lees la Palabra de Dios, debes estar constantemente diciéndote a ti mismo: "me está hablando a mí, y sobre mí".

—Søren Kierkegaard

La gente hoy en día necesita desesperadamente verdad, dirección, sabiduría y paz. He observado que este es el caso de personas de todas las edades y con diversas experiencias de vida. Lamentablemente, también he visto a muchas personas perseguir estas cosas de maneras que nunca las satisfarán. Todos tenemos tanta información bombardeando nuestras mentes que puede ser extremadamente difícil determinar en qué afirmaciones y promesas confiar.

El hecho de que estés leyendo este libro sugiere que eres una mujer necesitada de verdad, dirección, sabiduría y paz. Solo hay una fuente totalmente confiable: la Palabra de Dios, la Biblia. Uno de los mejores hábitos que puedes desarrollar es conocer y estudiar la Palabra de Dios con regularidad. Este hábito es esencial para cualquier mujer piadosa, y también es una práctica que te bendecirá y estimulará cada día.

> *Uno de los mejores hábitos que puedes desarrollar es conocer y estudiar la Palabra de Dios con regularidad.*

Muchas mujeres luchan por mantener claras sus prioridades. Hay tantas cosas que compiten por nuestra energía y atención: cuidar de la familia, ser un buen trabajador, manejar el estrés laboral, pasar tiempo con los amigos, cumplir con las responsabilidades de la iglesia y la comunidad, hacer las compras, pagar las cuentas y otras tareas relacionadas con la gestión del hogar. Además de todo eso, a veces simplemente nos gustaría sentarnos en el sofá y ver una película sin interrupciones. Agradeceríamos unos momentos para priorizar nuestro autocuidado. Este no es un libro sobre prioridades, así que no dedicaré más tiempo a este tema, excepto para decir esto: si haces de la Palabra de Dios una prioridad, todo lo demás encajará en su lugar. Puede que tengas que reestructurar ciertos compromisos o ajustar tu horario de alguna manera, pero poner la Palabra de Dios en primer lugar en tu vida te brindará fortaleza, claridad, paz y guía como ninguna otra cosa en la que puedas dedicar tu tiempo.

Lo he dicho muchas veces, pero quiero repetirlo aquí: la Palabra de Dios es muy valiosa. *Vale la pena priorizarla*, incluso si tienes que levantarte treinta minutos antes de lo que ya lo haces. Realmente puedo decir que amo su Palabra, que me ha cambiado y ha cambiado mi vida como ninguna otra cosa podría haberlo hecho. También la he visto traer cambios milagrosos a la vida de otras personas. Podría hablar durante horas sobre lo poderosa y maravillosa que es la Palabra de Dios y nunca me cansaría de hacerlo. Si pudiera dar solo un consejo a cada mujer que conozco, diría que después de ser salvada, lo más importante que alguien puede hacer es estudiar, meditar y obedecer la Palabra de Dios. Hay muchas formas disponibles para que asimilemos la Palabra de Dios. Podemos leer y estudiar la Biblia o libros sobre temas bíblicos que pueden ayudarnos a comprender las Escrituras con mayor claridad. También tenemos enseñanzas disponibles a través de otros medios, incluida la televisión, el internet, la radio y otras fuentes.

Aunque en apariencia la Biblia se parece a muchos otros libros, es completamente única tanto en su esencia como en su impacto. Las palabras de Dios están llenas de vida y poder. El poder de Dios es en realidad inherente a sus palabras y nos salva, nos sana, nos libera, nos guía y nos lidera, nos consuela, nos corrige y nos anima. La Segunda Carta de Timoteo 3:16 dice: "Toda la Escritura es inspirada por Dios". No podemos decir eso de ningún otro libro del mundo. Las palabras de la Escritura no son palabras que provienen del intelecto humano o palabras basadas en la experiencia humana. Son palabras que nos imparten la vida y la verdad de Dios.

A muchas personas no se les ha enseñado acerca de la Biblia. Es posible que conozcan varias historias bíblicas y estén al tanto de ciertos principios bíblicos, pero no se dan cuenta de lo poderosa que puede ser la Palabra de Dios en sus vidas. No saben que puede ser una lámpara para sus pies y una lumbrera para su camino (Salmos 119:105), ni entienden que contiene la respuesta a cada pregunta y la solución a cada problema

> *El poder de Dios es en realidad inherente a sus palabras y nos salva, nos sana, nos libera, nos guía y nos lidera, nos consuela, nos corrige y nos anima.*

o necesidad que puedan enfrentar. Otros saben acerca de la Biblia, pero debido a que su exposición a su verdad y poder ha sido limitada, no saben que contiene las respuestas que tanto necesitan. Sé esto por experiencia personal. Durante muchos años asistí a una iglesia que me proporcionó un gran fundamento bíblico para la salvación, pero más allá de eso aprendí muy poco. Tuve muchos problemas en mi vida y la Palabra de Dios podría haberme ayudado con ellos. Sin embargo, no estaba aprendiendo a leerla y comprenderla de tal manera que pudiera vencer mis desafíos. Ciertamente no sabía cómo buscar la paz que deseaba tan desesperadamente, y no me di cuenta de que podía encontrarla allí.

No me enseñaron a estudiar la Biblia por mí misma, y como no conocía la Palabra de Dios, no estaba consciente de los muchos engaños en el mundo que pueden confundirnos. Por ejemplo, antes de trabajar en el ministerio, trabajé en una oficina donde una compañera de trabajo estudiaba astrología. Ella creía sinceramente que la posición de los planetas y las estrellas dirigían su vida, y usaba la astrología para tomar decisiones. En esa época, las cosas de las que hablaba parecían tener sentido y me intrigaban. Como no sabía que la Biblia enseña que consultar las estrellas en busca de guía está mal (Apocalipsis 21:8), era vulnerable al engaño del diablo. Las cosas de las que ella hablaba llamaban mi atención, pero, gracias a Dios, Él me impidió involucrarme en ellas.

Las personas fácilmente pueden cometer errores costosos en muchas áreas de la vida (como lo hizo mi compañera de trabajo que consultaba las estrellas) si no saben que la Palabra de Dios puede enseñarles cómo pensar y actuar en cada situación. Si viven de acuerdo con su Palabra, dándole prioridad sobre cualquier otra fuente de información, encontrarán la paz, el gozo y la satisfacción que están buscando para sus vidas.

Debemos siempre respetar y honrar la Palabra de Dios y darle un lugar de prioridad en cada situación de nuestra vida. Su Palabra nos ayudará cuando nada más lo hará.

Ya sea que hayas vivido como una mujer piadosa durante años o que te hayas convertido en cristiana ayer, la Palabra de Dios tiene mucho que ofrecerte. El primer paso para crecer en virtud es desarrollar el hábito de estudiar su Palabra. Conócela, léela, medita en sus verdades (revísalas una y otra vez en tu mente, pensando en ellas profundamente), y aplícala a tu vida. Considera apartar tiempo en la mañana o en algún otro momento durante el día para leer tu Biblia, estudiarla y orar acerca de lo que aprendas de ella. También puedes utilizar recursos como una concordancia, un comentario, una Biblia de estudio o un diccionario bíblico para ayudarte a comprender las Escrituras. Adicionalmente, hay muchos libros y enseñanzas disponibles para ayudarte a estudiar y vivir de acuerdo con la Palabra de Dios.

El Espíritu Santo es tu Ayudador y Él te guiará hacia la verdad. Pídele que dé vida a la Palabra de

Dios para ti y que haga que te enamores de ella.
Haz que sea lo más importante para ti, y experi-
mentarás un crecimiento espiritual asombroso y
una calidad de vida que nunca habías conocido.

Creadores de hábitos

El camino de Dios es perfecto; la palabra del
Señor es intachable. Escudo es Dios a los que en
él se refugian.

Salmos 18:30

Toda la Escritura es inspirada por Dios y útil
para enseñar, para reprender, para corregir y
para instruir en la justicia, a fin de que el siervo
de Dios esté enteramente capacitado para
toda buena obra.

2 Timoteo 3:16-17

Ciertamente, la palabra de Dios es viva y poderosa, y más cortante que cualquier espada de dos filos. Penetra hasta lo más profundo del alma y del espíritu, hasta la médula de los huesos, y juzga los pensamientos y las intenciones del corazón.

Hebreos 4:12

CAPÍTULO 3

El hábito de la presencia de Dios

Acérquense a Dios, y él se acercará a ustedes.

—Santiago 4:8

Los mejores hábitos que una mujer piadosa puede desarrollar son los hábitos espirituales: la oración, la adoración, el estudio y la obediencia a la Palabra de Dios, y simplemente pasar tiempo en la presencia de Dios, enfocada en Él. Por supuesto, las mujeres con una vida plena también tienen muchas otras cosas que hacer, pero si construimos nuestras vidas sobre hábitos espirituales, todo lo demás irá mucho mejor. Jesús dijo en Mateo 6:33: "Más bien, busquen primeramente el reino de Dios y su justicia, y todas estas cosas les serán añadidas". La palabra *su* en este versículo se refiere a Dios, por lo que el pasaje dice que, si buscamos el reino de Dios y si buscamos una verdadera relación con Él por encima de todo, podemos confiar en que nos traerá las otras cosas que necesitamos.

El enemigo sabe que nuestras vidas a menudo son estresantes y están llenas de responsabilidades urgentes que compiten por nuestra atención, y usa esas presiones para tratar de convencernos de que simplemente no tenemos tiempo para disfrutarlo con Dios o para estudiar la Biblia. Él sabe que si nos mantiene alejadas de la presencia de Dios, nos encontraremos carentes de voluntad, desprotegidas, insatisfechas y en un estado constante de confusión y frustración.

Al principio de mi camino cristiano, caí en los engaños del enemigo durante un tiempo y experimenté la decepción de una vida carente de voluntad y satisfacción. Podía sentir mi hambre espiritual y finalmente comprendí que necesitaba la presencia de Dios más que cualquier otra cosa. Cuando comencé a pasar tiempo con Él, descubrí que deseaba pasar tiempo conmigo, desarrollando una relación íntima que restauraría mi alma y le daría un nuevo significado a mi vida.

Uno de los mayores beneficios de darnos tiempo para enfocarnos en la presencia de Dios es un sentido interior de paz, gozo, contentamiento, amor incondicional, y de ser guiadas por el Espíritu Santo; experimentamos una satisfacción profunda y duradera que no se puede encontrar en ninguna otra fuente. Desafortunadamente, hay muchas mujeres, incluso cristianas, que tratan de encontrar satisfacción en otros lugares. Persiguen cosas mundanas —dinero, ascensos, puestos y relaciones— con la esperanza de encontrar la felicidad que se les escapa. Yo hice esto durante varios años cuando comencé a caminar con el Señor, pero cuando me cansé de esa vida carente de voluntad, clamé a Dios por ayuda.

Fue entonces cuando Dios comenzó a enseñarme que tenía que ponerlo a Él *primero*. Me llevó a varias Escrituras, incluido el Salmo 91:1-2, que dice: "El que habita al abrigo del Altísimo se acoge a la sombra del Todopoderoso. Yo le digo al Señor: 'Tú eres mi refugio, mi fortaleza, el Dios en quien confío'". En otras palabras, cuando pasamos tiempo con Dios, aprendemos a morar en el lugar secreto de su presencia. Y mientras lo hacemos, experimentamos una estabilidad inquebrantable llena de paz, poder y protección.

> *Uno de los mayores beneficios de darnos tiempo para enfocarnos en la presencia de Dios es un sentido interior de paz, gozo, contentamiento, amor incondicional, y ser guiadas por el Espíritu Santo.*

Es importante recordar que hacer cosas *para* Dios no reemplaza pasar tiempo *con* Él. Puedes servir en los comités de la iglesia, cantar en el coro, dirigir un grupo pequeño o ser voluntaria para enseñar en la escuela bíblica de verano, pero ninguna de estas actividades puede reemplazar el tiempo personal con Dios.

Dios anhela tener una relación íntima contigo. ¡Qué maravillosa oportunidad tienes de pasar tiempo en la presencia misma del Dios todopoderoso! Es un privilegio que no debe tomarse a la ligera. Si deseas tener una relación cercana e íntima con el Padre y cosechar los beneficios de estar en su presencia, puedes hacerlo. Pero para disfrutar ese tipo de camino con Él, necesitas estar dispuesta a programar regularmente tiempo para estar a solas con Él.

Para mí, el mejor momento para pasar tiempo con Dios es a primera hora de la mañana,

> *Es importante recordar que hacer cosas para Dios no reemplaza pasar tiempo con Él.*

antes de distraerme tanto con otras cosas que me lleve dos o tres horas relajarme y calmarme lo suficiente como para escucharlo. No estoy diciendo que tu tiempo con Dios deba ser por la mañana, pero es importante darle una porción de la *mejor* parte de tu día, no la peor. Pienso que cuando le damos a Dios los "primeros frutos" de nuestro mejor tiempo en lugar de las "sobras", Él multiplica el tiempo que nos queda, para que podamos lograr todo lo que tenemos que hacer y hacerlo con alegría.

Cuando pasamos tiempo en la presencia de Dios, podemos usarlo para leer, estudiar, memorizar y meditar en las Escrituras. Esto nos ayudará a comprender mejor el carácter de Dios y, al mismo tiempo, renovar nuestras mentes con la verdad. Al leer la Palabra, en realidad estamos teniendo comunión con Dios, porque la Palabra *es* Dios (Juan 1:1).

La oración también es una parte importante de pasar tiempo en la presencia de Dios. El siguiente capítulo de este libro se enfoca exclusivamente en la oración, por ahora simplemente permíteme decir que la oración no se trata solo de hablar con Dios, también se trata de que Él nos hable. Una vez que hemos pasado tiempo en alabanza y adoración a Él, y una vez que hemos compartido las necesidades y los deseos de nuestro corazón, debemos permanecer en silencio para que podamos escuchar cuando Él hable a nuestro corazón. A menudo responderá recordándonos un versículo de la Biblia. A veces responderá inundando nuestra alma de paz. A veces simplemente tendremos un conocimiento interno sobre lo que debemos hacer o qué dirección debemos tomar. La forma en que Dios elige hablarnos depende de Él. Todo lo que tenemos que hacer es darle el *tiempo* y la *oportunidad* para hacerlo.

Dios se preocupa por ti y anhela tener una relación más íntima contigo. No puedo exhortarte lo suficiente a pasar tiempo con Él todos los días. Nada ni nadie más puede proporcionar la sabiduría, la dirección, el poder, la protección, la alegría, el consuelo, el aliento, los consejos y la paz que toda mujer necesita. Si anhelas una relación profundamente personal y satisfactoria con Dios y

una vida más poderosa y significativa, eso requerirá invertir tu tiempo. Pero puedo decirte por
experiencia que la inversión aporta enormes beneficios. Dios te ama mucho y anhela pasar tiempo
contigo hoy. No lo hagas esperar.

Creadores de hábitos

El Señor mismo marchará al frente de ti y estará
contigo; nunca te dejará ni te abandonará. No
temas ni te desanimes.

Deuteronomio 31:8

Me has dado a conocer la senda de la vida; me
llenarás de alegría en tu presencia, y de dicha
eterna a tu derecha.

Salmo 16:11

¿A dónde podría alejarme de tu Espíritu?

¿A dónde podría huir de tu presencia?

Si subiera al cielo, allí estás tú; si tendiera mi

lecho en el fondo del abismo, también estás

allí. Si me elevara sobre las alas del alba, o me

estableciera en los extremos del mar, aun

allí tu mano me guiaría, ¡me sostendría

tu mano derecha!

Salmo 139:7–10

Y yo le pediré al Padre, y él les dará otro

Consolador para que los acompañe siempre.

Juan 14:16

CAPÍTULO 4

El hábito de la oración

La oración es donde la acción está.

—John Wesley

Desarrollar el hábito de la oración es esencial para una mujer piadosa. Cuando menciono "desarrollar el hábito de la oración", ¿qué te viene a la mente? ¿Te imaginas a un pastor diciendo una oración durante un servicio mientras una congregación se sienta en silencio con la cabeza inclinada o a un ministro que dirige a un grupo de personas en el Padre Nuestro los domingos? ¿Piensas en alguien arrodillado junto a su cama al final del día? ¿Piensas en alguien conocido como intercesor orando durante horas en una habitación llamada "cuarto de oración"? ¿O piensas en una familia reunida alrededor de una mesa para dar gracias antes de una comida?

La oración, como se expresa en los ejemplos anteriores, es una práctica. Sin embargo, es también mucho más que un ritual. La oración es una comunicación directa con Dios y, al igual que Él, la oración auténtica no está sujeta a tradiciones o fórmulas religiosas. La oración no tiene por qué suceder en un lugar determinado o en un momento específico, puede suceder en cualquier lugar y en cualquier momento. No tiene que seguir ninguna regla. Simplemente viene del corazón, y cuando oras, nada de lo que te preocupa queda fuera.

Es maravilloso que la oración no tenga límites, porque el mundo no se detiene para que podamos perseguir nuestro sincero deseo de convertirnos en mujeres piadosas. Tenemos que participar en los hábitos de la virtud en medio de la vida real, lo cual incluye cosas que compiten por nuestro tiempo y energía.

Tengo buenas noticias sobre cómo desarrollar el hábito de la oración y al mismo tiempo llevar una vida activa: puede que sea el más simple de todos los hábitos virtuosos a desarrollar. Recuerdo cuando Dios comenzó a enseñarme a orar. Quizás la mayor sorpresa para mí fue que la oración no es complicada. Dios quiere que la oración sea agradable y natural para nosotras. Él quiere que hagamos oraciones sinceras y que seamos completamente honestas con Él acerca de cómo nos sentimos. Quiere que hablemos con Él y lo escuchemos como lo haríamos durante una conversación con nuestra mejor amiga. Quiere que la oración sea una parte integral de nuestra vida diaria —y que sea lo más poderoso y lo más fácil que hacemos cada día.

> *Tenemos que participar en los hábitos de la virtud en medio de la vida real, lo cual incluye cosas que compiten por nuestro tiempo y energía.*

Cada vez que dirigimos un pensamiento hacia Dios, eso es oración. Considera tu vida. ¿Cuántas veces has ido al supermercado y te has sorprendido por el precio de los huevos o la leche? Muchas mujeres tienen ese tipo de experiencia y piensan: *El dinero ya es ajustado para nosotras, y ahora estas cosas básicas que necesitamos se están volviendo cada vez más caras. Realmente te necesitamos, Dios, para que nos ayudes con nuestras finanzas.* O tal vez tienes una hija que realmente lucha por comprender ciertos conceptos en la escuela y eso le está causando problemas. Cuando la ves frustrada con la tarea, piensas: *Oh, Dios, ¡ayúdala a entender esto!* Cuando ves un accidente automovilístico y te das cuenta de que podría haberte sucedido a ti si hubieras salido de tu casa un minuto antes, puedes pensar: *¡Gracias, Dios, porque se me hizo tarde hoy!* Pensamientos como estos, que te vienen tan naturalmente, son en realidad oraciones. Y son tan poderosas como cualquier otro tipo de oración. La oración eficaz no depende de dónde oras o cuánto tiempo oras o si dices ciertas frases que suenan espirituales o un discurso elocuente. Todo lo que se necesita para orar es un corazón que esté abierto y se comunique con Dios.

Espero que te sientas aliviada y animada al saber que la oración no es algo que debas agregar a tu lista diaria de tareas o a tu calendario, ni es algo que solo puedas hacer yendo a la iglesia. Habiendo dicho eso, permíteme decir también que creo que tener un tiempo específico dedicado a la oración cada día es beneficioso. Algunas personas están llamadas a pasar varias horas orando todos los días, pero esa no es una regla para todos. Dios lleva a cada persona al tipo de vida de oración que Él sabe que necesita, y la persona que pasa dos o tres horas sola orando no está necesariamente más cerca de Dios o es "mejor cristiana" que la que hace oraciones de una sola frase varias veces a lo largo del día. El objetivo de la oración es pedirle a Dios que vuelva nuestro corazón hacia Él y pedirle que trabaje en nuestras vidas. Dios responde a las peticiones sinceras, cualquiera que sea la forma que adopten. Podemos pedirle todo lo que necesitamos y deseamos. Santiago 4:2 dice que hay cosas que no tenemos porque no se las pedimos a Dios. Él quiere escuchar nuestras peticiones.

La oración abre la puerta para que Dios trabaje. Cuando oramos, nos asociamos con Él en el ámbito espiritual, y luego suceden cosas en el ámbito natural.

Desarrollar el hábito de la oración consiste en aprender a comunicarse con Dios, recordar que Él está siempre contigo y pedir su ayuda y guía en cada situación. Puedes hacer una oración por unos segundos y es muy fácil de hacer. Lo más importante, es poderosa. Una oración, una frase o solo una palabra —si es una oración fer-

> *La oración abre la puerta para que Dios trabaje. Cuando oramos, nos asociamos con Él en el ámbito espiritual, y luego suceden cosas en el ámbito natural.*

viente —puede cambiarlo todo. Puede hacer que tu día sea mejor en lugar de peor; puede hacer que tomes una buena decisión en lugar de una mala; puede evitar que digas algo que no deberías o llevarte a decir algo que es muy útil. La Carta de Santiago 5:16 ha sido una gran motivación en mi vida de oración, y creo que también te motivará a ti: "La oración ferviente de una persona justa tiene mucho poder y da resultados maravillosos" (NTV).

A medida que creces como una mujer piadosa y a medida que atraviesas varias etapas de tu vida, tus hábitos de oración probablemente van a cambiar. Dentro de diez años, es posible que tengas más tiempo libre del que tienes hoy, y es posible que desees dedicar más tiempo a la oración del que tu horario permite actualmente. Para entonces, es posible que disfrutes tanto orando que te encuentres en ello durante una o dos horas sin siquiera prestar atención al reloj. Mi motivación para ti es simple: reconoce que incluso las oraciones cortas y simples son efectivas; reconoce que la oración es lo que trae el poder de Dios a cada situación que enfrentas, y haz que la oración sea parte de todos los días de tu vida. Ya sea que ores poco o que ores mucho, simplemente adquiere el hábito de hablar con Dios acerca de todo y de escuchar su respuesta.

Creadores de hábitos

Alégrense en la esperanza, muestren paciencia en el sufrimiento, perseveren en la oración.

Romanos 12:12

Oren en el Espíritu en todo momento, con peticiones y ruegos. Manténganse alerta y perseveren en oración por todos los santos.

Efesios 6:18

Así que acerquémonos confiadamente al trono de la gracia para recibir misericordia y hallar la gracia que nos ayude en el momento que más la necesitemos.

Hebreos 4:16

CAPÍTULO 5

El hábito
de la fe

La fe no es creencia sin prueba, sino confian-
za sin reservas.

—D. Elton Trueblood

Si hay algo que puede evitar que una mujer piadosa desarrolle el hábito de la fe, es el miedo. La
mayoría de nosotras lucha contra el miedo; desde uno debilitante, como el miedo a volar que nos
impide viajar para ver el mundo o visitar a nuestros seres queridos, hasta la ansiedad y el nervio-
sismo general o una tendencia a preocuparnos.
El miedo es una táctica que usa el diablo para
obstaculizar nuestra fe y evitar que vivamos en la

voluntad de Dios para nuestras vidas. Si el enemigo puede atraparnos en el miedo, puede evitar
que avancemos hacia todo lo que Dios tiene para
nosotras. Pero no tenemos por qué ser víctimas de
sus estrategias malignas.

El primer paso para superar el miedo es reconocer su origen. La Biblia nos dice "Dios no nos
ha dado un espíritu de timidez, sino de poder, de
amor y de dominio propio" (2 Timoteo 1:7). La
Biblia también nos dice que el amor perfecto de
Dios por nosotras es incompatible con el miedo:
"el amor perfecto echa fuera el temor. El que teme
espera el castigo, así que no ha sido perfecciona-
do en el amor" (1 Juan 4:18).

La Biblia incluye muchos pasajes que nos ins-
tan a no tener miedo (Josué 1:9; Isaías 41:10;
Isaías 43:1; Juan 14:27). Cuando leemos historias en la Biblia acerca de personas que Dios usó
de diferentes maneras, vemos que Él les dijo una
y otra vez: "No temas" (Génesis 15:1; Números
21:34; Josué 1:9; Daniel 10:12; Mateo 14:27).

El miedo es un sentimiento que puede crear reacciones en nuestro cuerpo. Puede hacernos temblar, enrojecer, sudar o que nos tiemblen las rodillas. Pero la Biblia no dice: "No sudes", "no tiembles", sino que dice: "¡No temas!".

La palabra griega para *miedo* implica "huir" o "escapar de algo". Cuando la Biblia dice: "No temas", no significa "No *sientas* miedo". Dios está diciendo: "Cuando venga el miedo, no huyas. No dejes que te impida seguir adelante".

Aunque ahora soy una persona muy valiente, hubo un momento en el que no caminaba en la seguridad y las bendiciones que Dios tenía para mí. Mis primeros años estuvieron arraigados en el miedo y ese espíritu fue mi compañero constante. Una variedad de miedos invadía mis pensamientos de forma regular, incluido el miedo a ser lastimada, el miedo al rechazo, el miedo a otras personas, el miedo al futuro, el miedo a que la gente supiera que estaba siendo abusada, el miedo a no ser amada nunca y el miedo a que mi vida estuviera arruinada. Pero a lo largo de los años, Dios me ha ayudado a comprender cómo la prisión del miedo se apoderó de mi vida y me ha mostrado cómo liberarme del tormento.

La mejor forma de vencer el miedo es con fe. El enemigo enviará pensamientos de miedo contra nosotras, pero podemos elegir si estamos de acuerdo con ellos y enfocarnos en ellos o no. Mediante el poder de la fe, podemos resistir los ataques de miedo de Satanás. La fe es una fuerza que atrae la voluntad de Dios a nuestras vidas. Para que la mentalidad del miedo se rompa y podamos vivir en libertad, nuestro pensamiento

> *La mejor forma de vencer el miedo es con fe.*

necesita ser renovado y cargado de fe. Hebreos 11:6 dice: "En realidad, sin fe es imposible agradar a Dios".

¿Dirías que estás llena de fe? ¿O el enemigo te atormenta con el miedo? ¿Te acosa a menudo con sentimientos de ansiedad o te mantiene nerviosa o preocupada por varias cosas? Pienso que muchas mujeres experimentan todo tipo de miedos y preocupaciones, pero aquellas que optan por rechazar las mentiras de Satanás y tienen fe en la Palabra de Dios superan el miedo y frustran el plan del diablo de paralizarlas y evitar que se conviertan en las poderosas mujeres de Dios que Él planeó.

Al principio de mi camino con Dios, reconocí que el miedo desempeñaba un papel importante en mi vida. Tomé la decisión consciente de oponerme a él y deliberadamente dejar de tener pensamientos y palabras llenas de miedo. Aunque esa decisión no hacía sentido en mi mente y mis *sentimientos* no la respaldaban en ese momento, elegí creer en Dios y basar mi fe en su Palabra.

Pero todavía faltaba algo. Entonces oré y dije: "No veo muchos cambios en mi vida, aunque he hecho lo que Tú me guiaste a hacer. Dejé de pensar y hablar cosas negativas y temerosas, entonces, ¿qué está pasando?" Su respuesta fue muy clara. Dios me ayudó a ver que había *dejado* de pensar y hablar cosas negativas y temerosas, pero no había *comenzado* a decir cosas positivas y llenas de fe.

Aprendí que no es suficiente dejar de hacer lo incorrecto, también debemos comenzar a hacer lo correcto. En otras palabras, superamos nuestros viejos hábitos desarrollando otros nuevos. En mi camino hacia liberarme del miedo, lo correcto fue comenzar a hablar acerca de las promesas de Dios, registradas para todos en su Palabra.

Génesis 1 nos dice que Dios habló y creó el mundo y todo lo que hay en él. Romanos 4:17 dice que servimos a un Dios que "llama las cosas que no son como si ya existieran" (NVI). Teniendo esto en mente, hice una lista de confesiones, cosas que declaro en voz alta y que están basadas en la Palabra de Dios. Dos o tres veces al día decía estas verdades sobre mi vida.

Cuando Dios me llamó por primera vez, plantó un sueño en mi corazón de que algún día tendría un ministerio mundial. Entonces, una de las cosas que comencé a decir en voz alta fue:

"Recibo invitaciones a conferencias todos los días, por correo, por teléfono y en persona". Cuando comencé a decir esto, no había tenido una sola conferencia y nunca había recibido una invitación para dar una charla en ningún lado. Sin embargo, con el tiempo comencé a recibir decenas de invitaciones cada mes. Dios también comenzó a abrirme las puertas para enseñar su Palabra en la radio y la televisión, y comenzamos a viajar internacionalmente realizando conferencias, seminarios y dando charlas. Lo fundamental es que, una vez que logré que mi corazón y mi boca estuvieran alineados a la voluntad de Dios, Él comenzó a actuar poderosamente.

Además de pensar en las promesas de Dios, en su Palabra y declararlas sobre mi vida, también tuve que tomar la decisión diaria de tener una actitud de esperanza y fe en Él, una expectativa positiva y confiada de que Dios haría algo bueno en mi vida. Dios honró mi fe y me ayudó a desarrollar una perspectiva positiva y alentadora.

Pude hacer eso porque tenía fe en que Dios quería el bien para mí, no el mal (Jeremías 29:11; Juan 10:10). Cuanto más recibía la Palabra de Dios y le creía, y decía su verdad cuando el enemigo me tentaba a temer, menos podía manipularme y controlarme Satanás. No me tomó mucho tiempo comenzar a ver cambios radicales en prácticamente todas las áreas de mi vida.

Te animo a que abras tu corazón a Dios y le pidas que te muestre cualquier área de tu vida en la que seas temerosa. En esas situaciones, no tienes que permitir que el miedo te controle; en lugar de eso puedes vivir por medio de la fe: confiando y reposando en Dios en lugar de sentirte molesta. El miedo atacará, pero cuando te opongas a él y lo confrontes con la verdad de la Palabra de Dios, el miedo perderá el control sobre tu vida. La próxima vez que el miedo

> *El miedo atacará, pero cuando te opongas a él y lo confrontes con la verdad de la Palabra de Dios, el miedo perderá el control sobre tu vida.*

te ataque, no digas: "Tengo miedo ... tengo miedo ... tengo miedo ...". En cambio, despierta la fe en tu corazón y luego abre la boca y di: "¡Algo bueno me va a suceder! Dios tiene un plan de bienestar para mi vida. ¡Por Cristo soy más que vencedora!" (Lamentaciones 3:25; Jeremías 29:11; Romanos 8:37). Cuando resistes el miedo y eliges permanecer en la fe, cierras la puerta al enemigo y abres la puerta para que las bendiciones de Dios fluyan en tu vida.

Creadores de hábitos

—Tengan fe en Dios —respondió Jesús—. Les aseguro que, si alguno le dice a este monte: "Quítate de ahí y tírate al mar", creyendo, sin abrigar la menor duda de que lo que dice sucederá, lo obtendrá. Por eso les digo: Crean

que ya han recibido todo lo que estén pidiendo
en oración, y lo obtendrán.

Marcos 11:22-24

Vivimos por fe, no por vista.

2 Corintios 5:7

Ahora bien, la fe es la garantía de lo que se
espera, la certeza de lo que no se ve.

Hebreos 11:1

CAPÍTULO 6

El hábito de la gratitud

Nos preocuparíamos menos si alabáramos más. La acción de gracias es la enemiga del descontento y la insatisfacción.

—Harry Ironside

Si estás familiarizada con las cosas milagrosas que Dios hizo durante los tiempos del Antiguo Testamento, probablemente recuerdes que proporcionó a los israelitas en el desierto suficiente maná para las comidas de un día (Éxodo 16:4). Esta historia nos brinda un excelente ejemplo de la voluntad de Dios para nosotras. Quiere que vivamos en el momento presente. Si nuestras mentes permanecen enfocadas en lo que esperamos del futuro o en lo que quisiéramos cambiar del pasado, no disfrutamos el presente. Necesitamos enfocarnos en lo que estamos haciendo ahora, disfrutar cada aspecto de cada día y estar agradecidas por todas las bendiciones en nuestras vidas.

Estar agradecidas por lo que ya tenemos es un hábito importante que debe desarrollar una mujer piadosa para vivir en paz y gozo. Filipenses 4:6 dice: "Por nada estén afanosos; antes bien, en todo, mediante oración y súplica con acción de gracias, sean dadas a conocer sus peticiones delante de Dios" (NBLA). Recuerdo un momento en que le pedí a Dios que me diera algo que yo deseaba. Me mostró que hasta que no dejara de quejarme de lo que ya tenía, no tenía sentido que Él me diera algo más, porque eventualmente también me quejaría de eso.

Francamente, me sorprendió un poco cuando eso sucedió. Pero cuanto más pensaba en ello, más me di cuenta de que había escuchado correctamente al Señor. En ese momento, disfrutaba de muchas cosas con las que alguna vez había soñado y había pedido a Dios. Si no podía sentirme agradecida por esas bendiciones, en última instancia, me sentiría insatisfecha con el próximo regalo que Él me diera. Fue una poderosa lección de gratitud para mí. También me ayudó a aprender a no quejarme y a darme cuenta de que no importa lo que todavía deseemos, debemos estar agradecidas por lo que ya tenemos. Cuando Dios ve un corazón verdaderamente agradecido, se deleita en derramar bendiciones y abundancia.

En este momento, puede haber algunas cosas en tu vida que Dios ha provisto generosamente en respuesta a las oraciones que has hecho en el pasado. Tal vez estabas agradecida por ellas al principio, pero ahora te sientes insatisfecha de nuevo. Así es la naturale-

> *Cuando Dios ve un corazón verdaderamente agradecido, se deleita en derramar bendiciones y abundancia.*

za humana, siempre queriendo más y más. Pero a medida que aprendemos a vencer la carne (nuestra naturaleza carnal o humana sin Dios) y a vivir por el Espíritu, nos vemos fortalecidas para estar agradecidas por lo que Dios nos ha dado.

Estemos siempre agradecidas por lo que tenemos, y creamos que cuando estemos listas, Dios nos confiará más.

Él quiere darnos muchas cosas buenas, pero su objetivo principal es que maduremos espiritualmente. La Tercera Carta de Juan 2 nos enseña que Dios quiere que prosperemos y gocemos de buena salud, así como prospera nuestra alma. Un alma próspera es aquella que siempre está creciendo en un comportamiento virtuoso que incluye gratitud.

Muchas mujeres esperan que les suceda algo que consideran "bueno", tal vez enamorarse, tener un hijo, tener éxito en el trabajo o hacer algún tipo de contribución valiosa a la sociedad. "Cuando eso suceda", se dicen a sí mismas, "finalmente seré feliz. ¡Voy a estar muy agradecida!"

El Salmo 144:15 dice: "¡Dichoso el pueblo cuyo Dios es el Señor!" (NVI). No dice: "Dichosa es la mujer cuyas circunstancias son exactamente como ella las quiere", o "dichosa es la mujer sana", o "dichosa es la mujer famosa", o "dichosa es la mujer que tiene el trabajo de sus sueños". No importa cuáles sean tus circunstancias, puedes tomar la decisión de sentirte dichosa y satisfecha *ahora mismo*. Honra mucho a Dios que vivamos con una actitud agradecida.

Según la Primera Carta a los Tesalonicenses 5:18, debemos dar "gracias a Dios en toda situación". Necesitamos expresar nuestra gratitud a Dios y a las personas que Él usa para ayudarnos y bendecirnos, y debemos estar agradecidas tanto por las cosas pequeñas como por las grandes. Debemos desarrollar el hábito de verbalizar nuestro agradecimiento cada vez que podamos, ya sea que eso signifique agradecerle a un empleado que nos ayuda en una tienda, un miembro de la familia que colabora en casa, un colega que hace algo bueno por nosotras o un cónyuge que fielmente comparte la vida con nosotras. Expresar nuestra gratitud alienta a las personas a las que agradecemos. Además, expresar nuestro agradecimiento es bueno para nosotras porque cuando lo hacemos, también nos recordamos nuevamente lo bendecidas que somos. Podemos empezar fácilmente a enfocarnos en lo que no tenemos y a quejarnos de ello, pero Dios busca personas que den gracias en todas las situaciones.

Te animo a que te tomes un tiempo todos los días para recordar todas las cosas y las personas con las que Dios te ha bendecido y para que les manifiestes en voz alta tu agradecimiento a ellas y al Señor. Cuanto más agradecimiento expreses, más agradecida te sentirás.

> *Debemos desarrollar el hábito de verbalizar nuestro agradecimiento cada vez que podamos.*

Creadores de hábitos

¡Alaben al Señor porque él es bueno, y su gran amor perdura para siempre!

1 Crónicas 16:34

Quiero alabarte, Señor, con todo el corazón, y contar todas tus maravillas.

Salmo 9:1

Y todo lo que hagan, de palabra o de obra, háganlo en el nombre del Señor Jesús, dando gracias a Dios el Padre por medio de él.

Colosenses 3:17

CAPÍTULO 7

El hábito de confiar en Dios

Confía en el Señor de todo corazón, y no en tu propia inteligencia.

—Proverbios 3:5

Una mujer que desarrolla el hábito de confiar en Dios puede vivir con asombrosa paz, gozo y confianza. He aprendido esto a través de la experiencia y todavía estoy creciendo en este entendimiento. Confiar en Dios es un proceso. Es algo en lo que crecemos y nuestra confianza aumenta a medida que continuamos experimentando su bondad y su fidelidad.

Algunas mujeres fueron criadas en una atmósfera que fomenta la fe y la confianza en Dios, mientras que otras, como yo, no. Muchas crecimos pensando que teníamos que encargarnos de todo nosotras mismas. En los primeros años de mi caminar con Dios, tuve que aprender a confiar en Él cuando tenía un problema que parecía demasiado grande o demasiado complicado para resolverlo yo sola. Ese fue un gran paso para mí. Dejar ir una situación difícil y pedirle a Dios que se encargara de ella fue un verdadero reto para mí. Pero con el tiempo, aprendí a soltar y comencé a ver que realmente se puede confiar en Él.

Después de un tiempo, vi que esperar una emergencia o un problema serio antes de confiar en Dios era una forma tonta de vivir. Empecé a darme cuenta de que no tenía la capacidad de hacer nada sin Él (Juan

> *Confiar en Dios es un proceso. Es algo en lo que crecemos y nuestra confianza aumenta a medida que continuamos experimentando su bondad y su fidelidad.*

15:5). Dios me llevó a darme cuenta de que somos verdaderamente carentes de voluntad en nuestra propia fuerza. Necesitamos a Dios en *cada* situación y podemos aprender a vivir cada momento con una actitud de confianza en Él. Una vez que reconocí mi necesidad de Dios en todas las cosas y en todo momento, comencé a enfocarme en aprender a confiar en Él en cada situación, no solo cuando enfrentaba grandes problemas. Esta relación de confianza cobra sentido al vivir con la actitud de que Dios es mi colaborador y mi guía, y al elegir de manera intencional confiar en Él todos los días en todos los aspectos. De hecho, he adquirido el hábito de confesar mi fe y decir: "Confío en ti, Señor, en todas las cosas". Confío en Él para cosas específicas de las que soy consciente y para las cosas que suceden en mi vida y en la vida de mis seres queridos. Pero también confío en Él para las cosas que aún no conozco. "Todas las cosas" significa todas las cosas, tanto visibles como invisibles, tanto ahora como en el futuro.

Uno de los versículos de la Biblia que me enseñó a confiar en Dios en todos los aspectos es el Salmo 62:8: "Confía *siempre* en él, pueblo mío; ábrele tu corazón cuando estés ante él. ¡Dios es nuestro refugio!" (el énfasis es mío). "Siempre" y "en todos los aspectos" tienen el mismo significado. Ninguna de estas dos frases deja nada fuera.

Confiar en Dios es lo que trae paz a nuestras vidas. Si confiamos en Él en todo momento, en todas las cosas, significa que confiamos en Él tanto cuando no entendemos lo que está sucediendo como cuando podemos ver claramente lo que está sucediendo. Confiamos en Él con lo que sabemos y con lo que no sabemos. Confiamos en Él tanto cuando las cosas parecen justas o beneficiosas para nosotras como cuando las situaciones parecen injustas o desfavorables para

> *Si confiamos en Dios en todo momento, en todas las cosas, significa que confiamos en Él tanto cuando no entendemos lo que está sucediendo como cuando podemos ver claramente lo que está sucediendo.*

nosotras. Confiamos en Él cuando todo nos va bien y cuando parece que nada va bien.

Confiar en Dios implica algunas cosas que podemos encontrar difíciles de hacer. Por ejemplo, requiere que dejemos de tratar de encargarnos o intervenir en situaciones utilizando nuestro razonamiento, habilidades o fuerza naturales. Necesitamos tener una política de no intervención que otorgue a Dios espacio para trabajar. A veces, es fácil para nosotras intentar resolver problemas e involucrarnos en situaciones que creemos que debemos solucionar. Es natural para nosotras brindar ayuda a las personas que nos rodean y, a veces, nuestros deseos y las habilidades dadas por Dios para ayudar, nos hacen pensar que necesitamos comentar, ofrecer consejo o estar involucradas en situaciones en las que lo mejor para nosotras sería retroceder, orar y confiar en que Dios resolverá las cosas.

Confiar en Dios requiere paciencia, y ser paciente es algo en lo que muchas de nosotras no somos buenas. Cuando creemos que algo debe suceder, queremos que suceda ahora. Cuando confiamos en Dios en todo momento, eso significa que también confiamos en que Él traerá la respuesta, la solución o el descubrimiento que se necesita en el momento adecuado.

El deseo de respuestas rápidas y gratificación instantánea es desenfrenado en nuestra sociedad actual. Hemos perdido de vista el hecho de que esperar puede ser bueno para nosotras. La espera puede ayudarnos a desarrollar la paciencia que necesitamos y proporciona una atmósfera en la que la fe y la confianza pueden profundizarse. Cuando buscamos gratificación instantánea y nos negamos a esperar, podemos frustrar la mejor intención de Dios para nosotras. Cuando tratamos de imponer una solución humana en una situación, perdemos la solución de Dios, y su camino es siempre el mejor.

Te animo a que desarrolles el hábito de confiar en Dios. Si nunca has sido una persona que ha confiado en Él, tal vez puedas empezar como lo hice yo. Cuando tengas un problema, elije entregárselo a Él. Pídele que lo solucione por ti, luego elije dejarlo en sus manos y sé paciente mientras lo resuelve. Aprende a decir: "Confío en ti, Señor" varias veces al día. Mientras continúas caminando con Dios, pídele que te ayude a crecer y a alcanzar el punto de confiar en Él en todo momento y en todas las cosas. Si ya has desarrollado el hábito de confiar en Dios, siempre hay espacio para lograr una mayor confianza y una fe más profunda. Mantén tu buen hábito de confianza y pídele a Dios que te fortalezca en él. Aunque he aprendido mucho sobre la confianza en Dios, todavía hay ocasiones en las que me siento tentada a tratar de encargarme de una situación yo misma en lugar de entregársela a Él por completo. Por supuesto, mis esfuerzos no funcionan, y una vez más me doy cuenta de que necesito soltar, que Dios puede ocuparse de la situación mejor que yo.

Creadores de hábitos

El Señor es mi fuerza y mi escudo; mi corazón
en él confía; de él recibo ayuda.

Salmo 28:7

Confíen en el Señor para siempre, porque el
Señor es una Roca eterna.

Isaías 26:4

Ahora bien, sabemos que Dios dispone todas las
cosas para el bien de quienes lo aman, los que
han sido llamados de acuerdo con su propósito.

Romanos 8:28

CAPÍTULO 8

El hábito de la alegría

La felicidad depende de los acontecimientos; el gozo depende de Cristo.

—Anónimo

Quizás conoces a alguien a quien describirías como alegre. Ella casi siempre tiene una gran sonrisa en su rostro, se ríe fácilmente y hace que los demás también quieran reír, y tiene una visión optimista de la vida, sin importar lo que enfrente. Es un placer tenerla como amiga, levanta el ánimo de cualquier grupo en el que se encuentre y otras personas tal vez la describen como "un rayo de sol". Otra forma de pensar en ella es como una persona llena de gozo.

Si bien entiendo que las personas tienen diferentes tipos de personalidad y que algunas son naturalmente más entusiastas y extrovertidas que otras, también creo que cada una de nosotras puede elegir ser alegre. Puede que no tengamos el sentido del humor más ágil o la capacidad de iluminar una habitación con solo entrar en ella, pero no es de eso de lo que estoy hablando. Me refiero al gozo que proviene de conocer a Dios. No se basa en nuestras circunstancias, sino en lo que creemos. La alegría es un hábito maravilloso para desarrollar y tiene muchos beneficios. Creo que comienza con una mentalidad y una perspectiva positiva de la vida. Cualquiera que tenga el hábito de estar alegre no tendrá tiempo para el hábito de la tristeza o de la ira. Sentir gozo hace que cualquier situación sea mejor y más fácil de soportar, especialmente las difíciles. Vivir con gozo también nos hace fuertes. Nehemías 8:10 dice que el gozo del Señor es nuestra fuerza. Su gozo nos da poder para manejar cualquier situación con mayor fuerza.

> *Sentir gozo hace que cualquier situación sea mejor y más fácil de soportar, especialmente las difíciles.*

He descubierto que el primer paso para desarrollar el hábito de la alegría es concentrarse en los aspectos positivos de tu vida. Nadie tiene una vida perfecta. Hay temporadas en las que muchas situaciones van bien y otras en las que casi todo parece difícil, pero ninguna temporada es cien por ciento maravillosa o cien por ciento terrible. En términos generales, en cualquier momento de tu vida, habrá algunas cosas buenas y algunas difíciles.

Pienso que siempre tenemos más cosas buenas que malas en nuestras vidas pero debemos tenerlas en cuenta para enfocarnos en ellas. Cualquier cosa en la que nos enfoquemos es lo que se convierte en lo más importante para nosotras. Por ejemplo, si nos enfocamos en la esperanza que tenemos en Cristo, siempre podemos esperar que suceda algo bueno en cualquier momento. Ese tipo de expectativa positiva genera gozo.

Lamentablemente, algunas personas optan por enfocarse en lo negativo, sin importar lo que esté sucediendo. Es posible que acaben de recibir un buen aumento, que a sus hijos les esté yendo muy bien socialmente y en la escuela, que hayan perdido las veinte libras que necesitaban perder y que todos en la familia estén sanos. Pero no están contentas porque quieren una casa más grande y porque no les agradan sus compañeros de trabajo. En poco tiempo, se olvidan de todos los aspectos positivos de su vida y se fijan en lo que creen que les falta. Cuando elegimos enfocarnos en lo negativo, siempre nos lleva a la tristeza, la frustración, la decepción, los celos o la ira.

Sin embargo, elegir concentrarte en las cosas buenas de tu vida conduce a la felicidad, la paz, el entusiasmo y la gratitud. Nos hace sentir bien, esperanzadas y llenas de energía. He observado que mientras más se elige ser alegre, más gozo se recibe.

Una de las mejores formas de disfrutar una vida llena de gozo es *decidir* estar alegre en todo

momento, independientemente de tus circunstancias. Algunas personas dicen que se regocijarán
cuando sucedan ciertas cosas. Como mencioné en
el capítulo sobre la gratitud, algunas mujeres jóve-
nes creen que su alegría llegará cuando sucedan
ciertas cosas: cuando terminen la escuela secun-
daria, terminen la universidad, obtengan un título avanzado y consigan el trabajo de sus sueños.
Otras piensan que encontrarán gozo cuando se
enamoren, se casen, se compren una casa o tengan
un bebé. Las mujeres que han tenido experiencia
con estas cosas a menudo piensan que serán felices
cuando esos bebés que querían tan desesperadamente finalmente dejen el hogar o les den nietos.
No importa cuál sea el camino de una persona por
la vida, todas pueden sentirse tentadas a pensar
que su alegría aguarda en algún momento del futuro cuando se produzca algún evento específico.

Creo profundamente en perseguir sueños y
metas, pero también creo que esperar a que suceda algo deseable antes de que te puedas sentir feliz

y gozosa es una forma triste de vivir. ¿Por qué? Porque la alegría que viene de finalmente alcanzar una meta o ver un sueño hecho realidad no dura. Es temporal, y en poco tiempo, habrá una nueva visión o deseo, y te dirás: "¡Cuando *eso* suceda, seré realmente feliz!" Cuando llegue la plenitud, encontrarás que puede tener muchas cualidades maravillosas, pero que también presentará algunos desafíos. Puede que te haga feliz por un tiempo, espacio suficiente para establecer una nueva meta o descubrir lo que quieres a continuación. Si caminamos en la carne, dependemos de las *cosas* que nos hacen felices. Pero si caminamos en el Espíritu, estamos gozosos en Cristo y en todo lo que Él ha hecho y está haciendo en nuestras vidas ahora mismo.

El camino al gozo duradero es elegir sentirte gozosa ahora mismo. Estés donde estés, hagas lo que hagas, puedes decidir concentrarte en todo lo bueno y regocijarte. Si haces eso en cada situación, te encontrarás desarrollando el hábito de la alegría.

Entiendo que algunas situaciones son muy graves y otras incluso trágicas. Durante esos momentos, no sería apropiado reírte o buscar formas de hacer reír a los demás. Pero la risa no es la única manera de expresar alegría. También puedes

> *El camino al gozo duradero es elegir sentirte gozosa ahora mismo.*

sentirte gozosa al encontrar algo por lo que estar agradecida durante los momentos difíciles, como el hecho de que Dios te ama y nunca te abandonará. Hace años aprendí que la alegría puede producir una amplia gama de emociones, desde la hilaridad extrema hasta el deleite tranquilo. En algunos entornos, la hilaridad extrema sería insensible, pero un deleite tranquilo y apacible que mantiene tu alma en paz te puede dar fuerza y, con suerte, fortalecer a las personas que te rodean.

Independientemente de cómo elijas expresar tu gozo, mi punto es este: puedes ser alegre a propósito y puedes incorporar a tu vida un hábito de alegría. Cuanto más disciplinada te vuelvas en el hábito de la alegría, más te negarás a conformarte con menos. No pospongas el gozo que Dios tiene para ti. ¡Elije estar alegre hoy!

Creadores de hábitos

Este es el día que el Señor ha hecho;
regocijémonos y alegrémonos en él.

Salmo 118:24 NBLA

¡Canta y grita de alegría, habitante de Sión;
realmente es grande, en medio de ti,
el Santo de Israel!

Isaías 12:6

Ustedes lo aman a pesar de no haberlo visto;
y, aunque no lo ven ahora, creen en él y se
alegran con un gozo indescriptible y glorioso,
pues están obteniendo la meta de su fe,
que es su salvación.

1 Pedro 1:8–9

CAPÍTULO 9

El hábito
de la paz

El mundo no da paz, porque no tiene paz para dar. Lucha por la paz, negocia por la paz, maniobra por la paz, pero no hay paz definitiva en el mundo. Jesús da paz a quienes confían en él.

—Billy Graham

He escuchado a muchas mujeres a lo largo de los años decir: "Solo quiero un poco de paz y tranquilidad". Ya sea que estén a cargo de un hogar con niños enérgicos mientras intentan mantener un trabajo, criar adolescentes rebeldes o hacer malabarismos con sus esfuerzos para cuidar a los miembros mayores de la familia y al mismo tiempo administrar sus propias vidas, hay muchas oportunidades para sentirse estresada y llorar por tranquilidad. También hay muchas mujeres que están asustadas o preocupadas por el futuro, nerviosas por una situación médica o ansiosas por satisfacer sus necesidades diarias, y también anhelan tranquilidad.

El enemigo utilizará cualquier tipo de circunstancia para robarnos la paz. Cualquiera que sea tu situación, deseo que sepas hoy que Dios quiere que adquieras el hábito de vivir en paz. La paz es un fruto del Espíritu Santo (Gálatas 5:22) y, como creyente en Cristo, es parte de tu herencia. Esto no significa que automáticamente vayas a experimentar y exhibir paz en tu vida. Ojalá fuera así de fácil, pero la paz es algo que debemos perseguir a propósito.

Jesús tenía un tipo especial de paz. El apóstol Pablo se refiere a esto como la paz "que sobrepasa todo entendimiento" y dice que esta guardará nuestros corazones y mentes en Cristo (Filipenses 4:7). Antes de que Jesús ascendiera al cielo, después de haber completado su obra en la tierra, prometió darnos su paz: "La paz les dejo; mi paz les doy" (Juan 14:27). La idea en este versículo es que Jesús nos legó su paz. *Legado* es un término que se utiliza en la ejecución de un testamento. Cuando las personas mueren, a menudo legan sus finanzas y posesiones —especialmente cosas de valor— a sus seres queridos.

Cuando Jesús dejó este mundo para ir a su Padre celestial, quiso asegurarse de que nosotros, sus hijos, heredáramos los dones importantes y valiosos que necesitaríamos para vivir en poder y victoria. Incluido en esos dones estaba su paz. Pienso que Jesús consideró la paz como uno de los dones más preciosos y beneficiosos que podía darnos.

Juan 14:27 continúa: "No se angustien ni se acobarden". Básicamente, Jesús está diciendo en este versículo: "Dejo mi paz contigo, pero eso no significa que funcionará automáticamente. Significa que te estoy dando algo, una reserva a la que puedes recurrir, pero tendrás que elegir ser pacífica a propósito".

Es importante entender que el diablo intentará de cualquier manera posible empujarte al límite para que pierdas tu paz. Como digo a menudo: "Él tiende trampas para enojarte". ¿Por qué? Porque sabe que, si no permaneces en paz, no puedes escuchar a Dios, no puedes orar y no puedes pensar con claridad.

Cuando las personas pierden su paz y se irritan, comienzan a hacer y pensar todo tipo de cosas que no tienen sentido. Pueden decir cosas que no quieren decir. Pueden comprar objetos que realmente no necesitan y que no pueden pagar. Pueden comer cuando no tienen mucha hambre. Las personas hacen todo tipo de cosas que de otro modo no harían cuando están molestas porque han permitido que el diablo les robe la paz. Pero no tiene por qué ser así.

La paz de Dios es nuestra, la Biblia lo dice. Mencioné anteriormente que la paz es un fruto del Espíritu Santo, que vive dentro de todos los creyentes. Esto significa que tú, como cristiana, tienes el poder de negarte a dejar que las emociones negativas te gobiernen. Puedes optar por no permitir que otros te hagan infeliz y roben tu paz. Cuando empieces a molestarte por algo, resuelve detenerlo inmediatamente y decide: "No voy a dejar que esto me moleste. Puede que no me guste la situación, pero con la ayuda de Dios permaneceré en paz en medio de ella".

> *El diablo intentará de cualquier manera empujarte al límite para que pierdas tu paz.*

Un pasaje bíblico útil para recordar cuando surgen circunstancias perturbadoras es Colosenses 3:15:

Y que la paz que viene de Cristo gobierne en sus corazones. Pues, como miembros de un mismo cuerpo, ustedes son llamados a vivir en paz. Y sean siempre agradecidos (NTV).

Este versículo nos enseña a dejar que la paz sea el "árbitro" en nuestras vidas, resolviendo cada asunto que necesite una decisión. En otras palabras, decidimos lo que permanece en nuestras vidas y lo que debe desaparecer en función de la paz que nos brinda. Para obtener y mantener la paz en nuestro corazón, debemos tomar decisiones basadas en lo que dice la Palabra de Dios, no en lo que pensamos, lo que otras personas nos dicen que hagamos o lo que escuchamos y vemos en los medios de comunicación o en internet.

Muchas personas van por la vida tomando decisiones por su cuenta, sin consultar el libro de recursos más confiable jamás escrito —la Biblia— y con demasiada frecuencia, sus decisiones traen dolor y problemas. Pero podemos evitar resultados negativos si buscamos dirección y guía en la

Palabra de Dios y permitimos que la paz de Cristo gobierne en nuestros corazones.

Sin importar lo que esté sucediendo en tu vida, y especialmente cuando te sientas molesta, puedes recurrir a la Palabra de Dios, encontrar algo que te tranquilice y permitir que la presencia de la paz te ayude a tomar decisiones y a resolver con firmeza las preguntas que surjan en tu mente. Permitir que la Palabra habite en tu corazón y mente te dará la información, el conocimiento y la sabiduría que necesitas (Colosenses 3:16). No tendrás que estar molesta por nada, preguntándote: "¿En qué dirección debo ir?" La Palabra será una lámpara a tus pies y una luz en tu sendero (Salmo 119:105) y elegir honrarla y obedecerla te traerá paz.

> *Para obtener y mantener la paz en nuestro corazón, debemos tomar decisiones basadas en lo que dice la Palabra de Dios.*

Te animo a que busques la paz y estés dispuesta a hacer los ajustes necesarios en tu vida para convertirte en una mujer de paz. Ser pacífica con intención es un secreto importante para la vida maravillosa que Dios ha planeado para ti.

Creadores de hábitos

El Señor te bendiga y te guarde; el Señor te mire con agrado y te extienda su amor; el Señor te muestre su favor y te conceda la paz.

Números 6:24-26

Al de carácter firme lo guardarás en perfecta paz, porque en ti confía.

Isaías 26:3

Yo les he dicho estas cosas para que en mí hallen paz. En este mundo afrontarán aflicciones, pero ¡anímense! Yo he vencido al mundo.

Juan 16:33

CAPÍTULO 10

El hábito de la esperanza

Pero algo más me viene a la memoria, lo cual me llena de esperanza: Por el gran amor del Señor no somos consumidos, y su compasión jamás se agota.

—Lamentaciones 3:21–22

La esperanza es uno de mis hábitos favoritos y me gustaría compartir con ustedes parte de mi historia sobre cómo me convertí en una persona confiada, una que se despierta todos los días esperando que me sucedan cosas buenas. Hace muchos años yo tenía una actitud extremadamente negativa sobre mi vida debido al devastador abuso que había experimentado en mi pasado. Ese abuso tuvo muchos efectos negativos, y uno de ellos fue que yo *esperaba* que la gente me lastimara y lo hacían. Yo *esperaba* que la gente fuera deshonesta conmigo y lo era. Tenía miedo de creer que algo bueno pudiera suceder en mi vida. Había querido que sucedieran cosas positivas en el pasado y me había sentido decepcionada repetidamente, así que finalmente llegué al punto en el que perdí la esperanza. Realmente pensaba que me estaba protegiendo de ser lastimada al no esperar que sucediera nada bueno. Mi actitud era: "Si no esperas que suceda nada bueno, entonces no te decepcionarás cuando no suceda".

Cuando realmente comencé a estudiar la Biblia y a confiar en que Dios me sanaría y restauraría, comencé a darme cuenta de que tenía que acabar con mis actitudes negativas. Necesitaba dejar ir mi pasado y avanzar hacia el futuro con esperanza, fe y confianza en Dios. Necesitaba sanarme de la pesadez de la desesperación, la depresión y el desánimo con los que había cargado durante tanto tiempo. Y, con la ayuda de Dios, resolví varios problemas y comencé a experimentar la sanación que necesitaba. Una vez que indagué en la verdad de lo que dice la Biblia sobre mí y sobre mis actitudes hacia la vida, comencé a convertir mis pensamientos y palabras negativas en positivas (puedes leer sobre esto en el capítulo 11). ¡Las bendiciones y los cambios positivos que comenzaron a suceder en mi vida como resultado de simplemente sentir confianza y optimismo fueron increíbles!

Ahora, no estoy diciendo que podamos conseguir lo que queramos con solo pensar en ello. Dios tiene un plan perfecto para cada una de nosotras, y no podemos controlarlo con nuestros pensamientos y palabras, pero podemos pensar y decir las verdades que se basan en su Palabra; que están de acuerdo con su voluntad y plan para nuestras vidas.

Podemos practicar ser positivas en cada situación que se nos presente. Incluso si lo que está sucediendo en este momento parece negativo, podemos elegir confiar en que Dios dispondrá todas las cosas para nuestro bien, tal como lo ha prometido en su Palabra (Romanos 8:28). Debemos entender que antes de que nuestras circunstancias puedan cambiar, nuestras actitudes deben cambiar.

Sin esperanza, la gente se deprime, se desanima, se desalienta y se llena de miedo. Pero el Salmo 42:5 nos anima a poner nuestra esperanza en Dios y esperar por Él. Dios quiere ser bueno contigo. Lamentaciones 3:25 nos asegura que "bueno es el Señor con quienes en él confían, con todos los que lo buscan".

La esperanza es una fuerza espiritual poderosa, pero solo se activa a través de nuestra fe y actitud positiva. Y nuestra actitud debe basarse en

> *Incluso si lo que está sucediendo en este momento parece negativo, podemos elegir confiar en que Dios dispondrá todas las cosas para nuestro bien, tal como lo ha prometido en su Palabra.*

algo más que en cómo nos sentimos o en lo que vemos a nuestro alrededor. Debe basarse en lo que *sabemos* por la Palabra de Dios que es verdad y en nuestra creencia de que Dios es bueno.

A la mayoría de nosotras nos cuesta creer que Dios trabaja para bendecirnos o ayudarnos hasta que vemos que algo sucede con nuestros ojos naturales, pero usualmente no es así como Dios obra. Trabaja entre bastidores la mayor parte del tiempo. A menudo pasa años preparándonos para algo bueno que se manifestará en nuestras vidas de maneras aparentemente repentinas. El hecho de que no podamos ver lo que Dios está haciendo no significa que esté inactivo para nosotras. En este momento, incluso mientras lees este libro, Dios está trabajando en tu nombre y avanzando su buen plan para tu vida, un plan que busca cosas positivas, no negativas, ni dolorosas.

Te animo a que permitas que la esperanza y la fe operen en tu vida ahora mismo. Sin ellos, la vida no es agradable. Cada vez que no aplico la fe y la esperanza en mi vida, dejo de creer y pierdo la paz. Y tan pronto como pierdo la paz, mi alegría se va con ella. No importa cómo haya sido tu vida hasta ahora, es vital que creas que puede cambiar. La fe y la esperanza son las claves para un futuro más brillante y positivo.

Jeremías 29:11 es una gran Escritura para memorizar si deseas desarrollar el hábito de la esperanza: "Porque yo sé muy bien los planes que tengo para ustedes —afirma el Señor—, planes de bienestar y no de calamidad, a fin de darles un futuro y una esperanza". Puedes estar segura de que Dios tiene un plan de bienestar para tu vida, así que comienza a confiar en Él hoy mismo. Creer en Dios para las cosas buenas te brinda paz y descanso, pone fin al desánimo y la ansiedad mientras esperas que se manifiesten.

> *No importa cómo haya sido tu vida hasta ahora, es vital que creas que puede cambiar. La fe y la esperanza son las claves para un futuro más brillante y positivo.*

No importa cuán desesperada parezca tu situación o cuánto tiempo haya sido así, sé que puede cambiar. No importa cuán tentada estés de perder la esperanza, sé que tú puedes cambiar, porque yo lo hice. Tomó tiempo y un fuerte compromiso mantener una actitud positiva y saludable, pero valió la pena. Y valdrá la pena para ti también. Pase lo que pase, desarrolla un fuerte hábito de esperanza en el Señor. ¡Él quiere ser bueno contigo y te animo a que creas que algo bueno sucederá en tu vida en cualquier momento!

Creadores de hábitos

¿Por qué voy a inquietarme? ¿Por qué me voy a angustiar? En Dios pondré mi esperanza, y todavía lo alabaré. ¡Él es mi Salvador y mi Dios!

Salmo 42:11

Pero los que confían en el Señor renovarán sus fuerzas; volarán como las águilas: correrán y no se fatigarán, caminarán y no se cansarán.

Isaías 40:31

Que el Dios de la esperanza los llene de toda alegría y paz a ustedes que creen en él, para que rebosen de esperanza por el poder del Espíritu Santo.

Romanos 15:13

CAPÍTULO 11

El hábito de pensar y hablar positivamente

El pensador positivo ve lo invisible, siente lo intangible y logra lo imposible.

—Winston Churchill

Si estás familiarizada con mis enseñanzas, sabes que escribo y hablo a menudo sobre el poder de los pensamientos y las palabras. No puedo dejar de enfatizar cuán poderosos son; tienen un impacto tremendo en todos los aspectos de nuestras vidas. Realmente podemos cambiar nuestras vidas cuando cambiamos nuestros pensamientos y palabras. He visto esto en mi propia vida y en lade otras personas a mi alrededor. Ahora, por supuesto, si queremos un cambio, queremos que sea bueno, no malo. Entonces, cuando consideramos nuestros hábitos respecto a los pensamientos y las palabras, buscamos que sean más positivos, no más negativos. Las palabras y pensamientos positivos, con la ayuda de Dios, nos transformarán en personas positivas. El primer paso para convertirte en una persona positiva es tener pensamientos positivos. De hecho, sería imposible lograrlo sin desarrollar una mentalidad positiva. Filipenses 4:8 nos enseña a pensar en cosas que son "excelentes" y "merecen elogio", lo cual es una manera de animarnos a entrenar nuestra mente para pensar con optimismo. Nos ofrece ejemplos específicos de cosas en las que pensar, como las que son verdaderas, nobles, correctas, puras, hermosas y admirables. Si nos negáramos a tener pensamientos que no caen en una de las categorías de esta lista, avanzaríamos en gran medida hacia el desarrollo del hábito de pensar positivamente. Según Proverbios 23:7, nos convertimos en lo que pensamos. En otras palabras, nuestros pensamientos dan forma a nuestras vidas, y esa es una de las razones por las que he pasado años enfatizándolos en mi ministerio.

El apóstol Pablo escribe en 2 Corintios 10:5 que, como cristianos, "llevamos cautivo todo pensamiento para que se someta a Cristo". Piensa en ello: cuando las personas son cautivas, no pueden hacer lo que quieren; no son libres. Esa es la manera en la que debemos manejar nuestros pensamientos. No debemos permitir que deambulen libremente por nuestras mentes, haciéndonos pensar cualquier cosa.

Déjame preguntarte: ¿tomas cautivos los pensamientos negativos que entran en tu mente y te suplican que te obsesiones con ellos? Cuando reconoces que un pensamiento no es bueno, ¿tomas medidas para sacarlo de tu mente o eres pasiva al respecto y eliges dejar que se asiente en tu manera de pensar e influya en tu estado de ánimo?

A veces, las personas racionalizan su falta de diligencia con sus pensamientos diciéndose a sí mismas: *son solo pensamientos. Nadie puede verlos ni oírlos. Nadie los conoce excepto yo*. El hecho de que sean invisibles e inaudibles no es el punto. El punto es que, aunque pienses que se limitan a tu propia mente, Dios los conoce y son muy poderosos. Tienen un gran impacto en ti, ya sea que alguien más los conozca o no. Los pensamientos negativos pueden envenenar nuestras palabras, nuestro comportamiento y nuestras vidas. Los pensamientos preceden nuestras palabras y acciones; por lo tanto, debemos primero ocuparnos de ellos. Nuestros pensamientos acerca de otras personas van a determinar cómo las tratamos. No es posible que seamos cariñosas con alguien si no pensamos en esa persona de manera afectuosa.

Esta puede ser una idea nueva para ti, pero es verdadera: puedes pensar aquello que elijas pensar. No tienes que aceptar cualquier cosa que te venga a la mente. Puedes evaluar y elegir si deseas mantener aquello en tu proceso mental o no. Puedes decidir cambiar un pensamiento negativo por uno positivo casi de inmediato, y espero que comiences enseguida a desarrollar ese hábito o fortalecerlo si ya lo estás haciendo, porque traerá mucha alegría y paz a tu vida. Separadas de Jesús, no podemos hacer nada (Juan 15:5), así que recuerda siempre pedir su ayuda.

Decir palabras positivas es tan importante como tener pensamientos positivos. Proverbios 8:6 dice: "Escúchenme, que diré cosas importantes; mis labios hablarán lo correcto". Me gusta este versículo y es un gran ejemplo que podemos seguir porque nos muestra la decisión del escritor acerca de cómo hablar. Así como podemos elegir

> *Esta puede ser una idea nueva para ti, pero es verdadera: puedes pensar aquello que elijas pensar.*

nuestros pensamientos, podemos dirigir nuestras palabras con la ayuda de Dios. Proverbios 18:21 nos enseña que "en la lengua hay poder de vida y muerte". Nuestras palabras nos afectan a nosotras y a las personas que nos rodean. También afectan nuestro caminar con Dios. Como he dicho muchas veces, no podemos tener una boca negativa y una vida positiva.

Una manera de ver el principio establecido en Proverbios 18:21 es decir que nuestras palabras tienen poder. Son una fuerza —ya sea positiva o negativa— para quienes las utilizan y para quienes las escuchan. Debido a esto, no deberíamos simplemente decir lo que se nos ocurra, sino que debemos elegir nuestras palabras con cuidado. Nuestras palabras pueden animar o desanimar;

> *Nuestras palabras nos afectan a nosotras y a las personas que nos rodean. También afectan nuestro caminar con Dios.*

pueden ser constructivas o destructivas; pueden ayudar a las personas a sentirse mejor o hacerlas sentir peor. La lengua es una parte muy pequeña del cuerpo, pero puede tener un enorme impacto (Santiago 3:3-6).

Comprender el poder de las palabras es tanto un privilegio como una responsabilidad. Es un privilegio porque si elegimos bien nuestras palabras, podemos beneficiar a otros y cosechar bendiciones para nosotras. Es una responsabilidad porque debemos tomarnos en serio el hecho de que podemos decidir cómo queremos utilizar la influencia de nuestras palabras, y la Palabra de Dios nos hace responsables de utilizarlas de manera positiva. Pasé casi cuarenta años de mi vida sin comprender la diferencia que mis pensamientos y palabras ejercían sobre la calidad de mi vida. Estoy agradecida de saberlo ahora y de haber tenido tiempo para desarrollar el hábito de palabras y pensamientos positivos. Te animo a que desarrolles ese hábito también y puedo asegurarte que te alegrarás de haberlo hecho.

Creadores de hábitos

La lengua que brinda alivio es árbol de vida;
la lengua insidiosa deprime el espíritu.

Proverbios 15:4

Lo que contamina a una persona no es lo
que entra en la boca, sino lo que sale de ella.

Mateo 15:11

Concentren su atención en las cosas de
arriba, no en las de la tierra.

Colosenses 3:2

CAPÍTULO 12

El hábito de recibir el perdón de Dios

Dios toma nuestros pecados —pasados, presentes y futuros, los arroja al mar y pone un cartel que dice: PROHIBIDO PESCAR.

—Corrie ten Boom

El perdón es uno de los muchos hábitos importantes que debe desarrollar una mujer piadosa. La palabra *perdón* puede referirse al perdón que Dios nos extiende a través de su Hijo, Jesús, o al perdón que brindamos a las personas que nos hieren o que nos ofenden. También existe el perdón que nos otorgamos a nosotras mismas cuando hemos fallado o cometido errores.

En este capítulo, quiero escribir sobre el perdón que Dios nos ofrece, y en el próximo capítulo me voy a enfocar en la importancia de perdonar a los demás. Nadie pasa por esta vida sin pecar y sin necesidad de recibir el perdón de Dios. Si no aprendemos a recibir el perdón de Dios, nos quedaremos atascadas en sentimientos de culpa y arrepentimiento, y nunca nos moveremos más allá hacia las cosas buenas que Él tiene reservadas para nosotras.

El primer paso para recibir el perdón de Dios es admitir y reconocer nuestro pecado y arrepentirnos. Esto requiere humildad, lo cual es relativamente fácil para algunas mujeres, pero es más difícil para aquellas que han pasado años racionalizando las actitudes y comportamientos pecaminosos de culpar a otros por los problemas que el pecado ha producido en sus vidas. Según Romanos 3:23, nadie está exento de pecar; todos lo hacen: "todos han pecado y están privados de la gloria de Dios".

El pecado nos separa de Dios. El hecho de que pequemos no significa que no seamos salvas; simplemente significa que la comunión íntima que podemos disfrutar con Dios está agrietada. Dificulta nuestras oraciones y puede hacer que no podamos escuchar la voz de Dios. Cuando pecamos, Dios no nos da la espalda; Él nos mira con compasión debido a su amor por nosotras, nos convence (no nos condena) por el Espíritu Santo y nos hace saber que podemos ser perdonadas y restauradas.

> *Si no aprendemos a recibir el perdón de Dios, nos quedaremos atascadas en sentimientos de culpa y arrepentimiento, y nunca nos moveremos más allá hacia las cosas buenas que Él tiene reservadas para nosotras.*

Hubo un momento en mi vida en el que no entendía la diferencia entre convencimiento y condena, y creo que muchas otras personas pueden no entenderlo. He aprendido que el convencimiento proviene del Espíritu Santo y tiene la intención de ayudarme

a reconocer mi pecado, arrepentirme y vencer-
lo con su ayuda. Es el suave susurro del Espíritu
Santo haciéndome saber que mi comportamiento no agrada al Señor. Es una señal del amor de
Dios, porque Él solo castiga (corrige y disciplina)
a quienes ama (Apocalipsis 3:19; Hebreos 12:6).

La condena proviene del diablo y nos hace sentir culpables y desanimados, pero no hace nada
para ayudarnos. Cuanto más amamos a Dios, más
nos molesta nuestro pecado. A medida que crecemos en amor por Él, crecemos en nuestro odio
por el pecado porque sabemos que Dios odia el
pecado. Agradezco cada vez que el Espíritu Santo
me convence de pecado porque me ayuda a reconocer áreas de mi vida que necesitan cambiar.

Una vez que reconocemos nuestro pecado y
nos arrepentimos, podemos estar seguras de que
Dios nos ha perdonado. Uno de mis pasajes bíblicos favoritos sobre este tema es 1 Juan 1:8-9: "Si
afirmamos que no tenemos pecado, nos engaña-
mos a nosotros mismos y no tenemos la verdad.

Si confesamos nuestros pecados, Dios, que es fiel y justo, nos los perdonará y nos limpiará de toda maldad. (NVI).

Este versículo, en la Biblia Amplificada en inglés, Edición Clásica (AMPC), dice que Dios "continuamente" nos limpia de todo pecado. Pienso que esto nos enseña que mientras permanezcamos en comunión con Dios, siendo rápidas para confesar y arrepentirnos de nuestros pecados, Él siempre nos está limpiando. Ten en cuenta también que Él nos limpia de "toda maldad". No perdona unos pecados y otros no, ni perdona unos mucho y otros solo un poco. Su perdón es completo y cubre todos y cada uno de los pecados que cometemos. Nada de lo que tú o yo podamos hacer está más allá de la compasión, el amor y el perdón de Dios.

Así como todas hemos pecado y no hemos estado a la altura de la gloria de Dios, también todas hemos sido justificadas y puestas en una relación correcta con Dios por medio de la redención que Cristo Jesús nos proporcionó en la cruz

(Romanos 3:23-24). Ser justificada por Dios significa que todos nuestros pecados son perdonados y
que a su vista somos hechas como si nunca hubié-
ramos pecado. Una vez que recibimos el perdón
de Dios, estamos limpias. Cuando Él nos lava de
nuestro pecado, no tiene nada contra nosotras.
Debido a que esto es cierto, no tenemos ninguna razón para sumirnos en la culpa, la condena
o la ira hacia nosotras mismas. Honramos a Dios
al aceptar su perdón, no al continuar esforzándo-
nos por pagar por nuestro pecado o castigándonos
a nosotras mismas. Dios
tiene su propia mane-
ra de lidiar con nuestro
pecado, la cual es perdo-

> *Una vez que recibimos
> el perdón de Dios,
> estamos limpias.*

narlo. No podemos hacer nada para ganarnos su
perdón o para compensar nuestro pecado, y si lo
intentamos, insultamos lo que Él ha hecho por
nosotras. El perdón de Dios es un regalo y la respuesta adecuada es que recibamos y estemos agradecidas por tal bendición.

Es importante comprender que existe una diferencia entre pedir el perdón de Dios y recibirlo. Su perdón es un trabajo terminado. Siempre está disponible para ti. Todo lo que tienes que hacer es arrepentirte y pedirlo. Pero después de pedirle a Dios que te perdone por algo, tómate un momento para estar en su presencia y meditar sobre lo que realmente significa el perdón y cuánto Dios te ama. Dile que recibes el perdón que te ha dado y que estás agradecida por ello. Y cuando sientas la tentación de volver a sentirte culpable y avergonzada por el pecado que te ha sido perdonado, recuerda que Dios ha quitado tu culpa y que puedes dejarla ir —para siempre— tal como Él lo ha hecho.

Parte del arrepentimiento es aprender a no repetir las mismas cosas una y otra vez y caer en el pecado habitual. El Espíritu Santo nos da poder para resistir agresivamente la tentación y decir no al pecado. Cuando has sido perdonada por algo, es una buena idea pedirle también a Dios que te dé fuerzas para alejarte de ese pensamiento, actitud o comportamiento para que no vuelvas a hacerlo. Esto no significa que nunca tendrás que luchar con el mismo pecado en el futuro, pero el perdón de Dios siempre está disponible para ti. A medida que continúes en comunión con Jesús y crezcas en tu relación con Él, pecarás cada vez menos y el pecado tendrá cada vez menos poder sobre tu vida.

No hay límite para la cantidad de veces que Dios nos perdonará, pero también quiere que nos fortalezcamos en nuestra capacidad para resistir el pecado. Dios nos cambia poco a poco (2 Corintios 3:18), y parte de ese proceso de madurez implica confesar nuestro pecado, arrepentirnos, recibir su perdón y crecer en obediencia a Él mientras nos lleva a convertirnos en todo lo que Él quiere que seamos.

Creadores de hábitos

Pero te confesé mi pecado, y no te oculté
mi maldad. Me dije: «Voy a confesar mis
transgresiones al Señor», y tú perdonaste
mi maldad y mi pecado.

Salmo 32:5

Tú, Señor, eres bueno y perdonador; grande es
tu amor por todos los que te invocan.

Salmo 86:5

En él tenemos la redención mediante su sangre,
el perdón de nuestros pecados, conforme a
las riquezas de la gracia.

Efesios 1:7

CAPÍTULO 13

El hábito de perdonar a los demás

Perdona, olvida. Ten paciencia con los defectos de los demás como te gustaría que tuvieran paciencia con los tuyos. Sé paciente y comprensivo. La vida es demasiado corta para ser vengativo o malicioso.

—Phillips Brooks

Ser humana y estar viva significa que, en algún momento de nuestro camino por la vida, seremos heridas o decepcionadas por otras personas. Si no desarrollamos el hábito de aprender a perdonar a los demás, estaremos atrapadas en la ira y la amargura, incapaces de encontrar la paz o de desarrollar y mantener el tipo de relaciones saludables que Dios quiere que disfrutemos.

Jesús murió por nosotras para que nuestros pecados fueran perdonados, permitiéndonos ser restauradas a una relación íntima con Dios a través de Él. Su regalo del perdón es tan asombroso que es casi insondable en su perfección, y es un regalo que necesitamos con regularidad. Lo que Dios nos ha dado gratis —perdonar nuestros pecados— espera que lo demos gratuitamente a los demás (Mateo 10:8). Debido a que podemos contar con ser perdonadas cuando nos arrepentimos de nuestro pecado, también podemos vivir con la voluntad de perdonar a los demás cuando nos hieren o nos ofenden.

> *Debido a que podemos contar con ser perdonadas cuando nos arrepentimos de nuestro pecado, también podemos vivir con la voluntad de perdonar a los demás cuando nos hieren o nos ofenden.*

Muchas personas ven perdonar a otros como algo que "se supone" que debemos hacer si somos cristianas, y ciertamente es parte del comportamiento cristiano. La gente también puede pensar que está haciendo algo amable por la persona que los ha herido, pero yo he aprendido a verlo de manera un poco diferente. He llegado a ver que extender el perdón a las personas también es hacerme un favor. Cuando perdono, ya no me siento agobiada por las emociones negativas que acompañan al rencor. Me libera para orar por ellos y bendecirlos en lugar de odiarlos y desearles daño. Ver el perdón desde esta perspectiva hace que sea mucho más fácil para mí perdonar rápida y completamente a los demás. Como una mujer piadosa, adquirir el hábito de perdonar a las personas de manera rápida y completa hará que el resto de tu vida sea más feliz y tus relaciones más saludables.

La forma más eficaz que conozco para empezar a perdonar a las personas que te han herido es practicando las tres D del perdón: desear, decidir y depender. El primer paso hacia el perdón es *desear* hacerlo por amor a Dios. El deseo se basa en tu relación con Él y en querer obedecerlo, no necesariamente porque sientes que la persona que te lastimó merece tu perdón más de lo que nosotras merecemos el perdón de nuestro Señor.

Cuando pensamos en cómo Dios nos perdona y cómo nos pide en su Palabra que perdonemos a los demás, nuestro amor por Él nos motiva a querer obedecer. Con base en nuestro deseo, entonces *decidimos* —tomamos una decisión deliberada— perdonar. Este tipo de decisión no es emocional; debemos tomar a propósito y con la determinación de mantenernos firmes. Cuando la tomamos, no recordamos los males cometidos contra nosotras ni consultamos nuestros sentimientos. Simplemente elegimos perdonar porque sabemos que eso es lo que Dios quiere que hagamos. En tercer lugar, *dependemos* del Espíritu Santo para que nos ayude a llevar a cabo nuestra decisión. El perdón no es fácil y necesitamos una fuerza sobrenatural para extenderlo a los demás.

Después de haber deseado y decidido perdonar, y de haber dependido del Espíritu Santo para ayudarnos a hacerlo, debemos dar un paso más, que es orar por aquellos que nos han lastimado. Jesús dice en Mateo 5:43-45:

Ustedes han oído que se dijo: "Ama a tu prójimo y odia a tu enemigo". Pero yo les digo: Amen a sus enemigos y oren por quienes los persiguen, para que sean hijos de su Padre que está en el cielo. Él hace que salga el sol sobre malos y buenos, y que llueva sobre justos e injustos.

Quisiera mencionar que este pasaje de las Escrituras no nos está instruyendo a dejar que la gente nos lastime o nos pisotee mientras nunca los confrontamos por sus palabras o acciones. El perdón no se trata de eso, sino de la actitud de nuestro corazón hacia las personas. Significa que las liberamos de lo que nos han hecho, pero no significa necesariamente que permanezcamos en el mismo tipo de relación que siempre hemos tenido con ellas. Podemos perdonar a las personas, bendecirlas y ser amables y, al mismo tiempo, relacionarnos con ellas de maneras que sean saludables. Podemos orar por aquellos que nos lastiman porque entendemos que las personas que sufren hacen daño a la gente. Sabemos que están sufriendo y que Dios puede sanarlas y restaurarlas, así como puede sanarnos de las heridas que el comportamiento de otros ha infligido en nuestras almas.

Quisiera reiterar que el perdón no es una decisión emocional. Es decir, no perdonamos porque

> *Podemos perdonar a las personas, bendecirlas y ser amables y al mismo tiempo relacionarnos con ellas de maneras que sean saludables.*

se nos antoje. Rara vez tenemos ganas de hacerlo. Entonces, una vez que hayas pasado por el proceso del perdón, es posible que tus emociones y sentimientos hacia la persona que has perdonado, o hacia lo que sea que sucedió y te lastimó, no cambien por un tiempo. Sin embargo, tus emociones finalmente se pondrán al día con tu decisión si te mantienes firme en la elección de perdonar y continúas orando por la persona que te lastimó. Aprenderás a manejar tus emociones y a mantenerte firme, y podrás hacerlo con la ayuda del Espíritu Santo.

Dios quiere que seas fuerte, alegre, serena y libre. Aferrarte al rencor obstaculizará estas buenas cualidades, pero perdonar a las personas que te han lastimado liberará estas cualidades en tu vida.

Ahora, quisiera pedirte que hagas algo que puede parecer inusual. Me gustaría que volvieras a leer este capítulo con esto en mente: no solo nos lastiman otras personas, a veces nos lastimamos nosotras mismas. Puede ser más difícil perdonarnos a nosotras mismas que perdonar a los demás. Pero vemos en este capítulo que el perdón es fundamental para tener relaciones saludables, y definitivamente tenemos una relación con nosotras mismas. A veces, la persona a la que más necesitas perdonar es a ti misma porque primero debes relacionarte bien contigo para avanzar hacia todo lo que Dios tiene para ti. ¿Puedes hacer eso? Y si necesitas perdonarte, te lo ruego, por favor hazlo. Perdonarte es la forma en que recibes el perdón de Dios. Él te está dando un regalo maravilloso y todo lo que necesitas hacer es recibirlo y estar agradecida.

Creadores de hábitos

Pedro se acercó a Jesús y le preguntó:
—Señor, ¿cuántas veces tengo que perdonar a mi hermano que peca contra mí? ¿Hasta siete veces? —No te digo que hasta siete veces, sino hasta setenta y siete veces —le contestó

Mateo 18:21–22

No juzguen, y no se les juzgará. No condenen, y no se les condenará. Perdonen, y se les perdonará.

Lucas 6:37

Sean bondadosos y compasivos unos con otros, y perdónense mutuamente, así como Dios los perdonó a ustedes en Cristo.

Efesios 4:32

CAPÍTULO 14

El hábito de disfrutar cada día

No hay nada de tristeza ni de duda acerca de [la vida]. El propósito es el gozo continuo... Somos llamados a una felicidad firme en el Señor, cuyo gozo es nuestra fortaleza.

—Amy Carmichael

Durante muchos años fui una persona que no disfrutaba de la vida y mucho menos la celebraba. Trabajaba duro y lograba bastantes cosas, pero nunca me tomaba el tiempo para disfrutar del fruto de mi trabajo. Yo era una cristiana que iba camino al cielo, pero no disfrutaba del viaje. Desde aquellos días, Dios me ha enseñado mucho sobre cómo disfrutar la vida. Juan 10:10 dice que Jesús vino para que "tengan vida, y la tengan en abundancia (al máximo, hasta que se desborde)". La calidad de vida que Jesús nos ofrece está más allá de cualquier cosa que podamos encontrar en la tierra o que podamos crear por nosotras mismas.

Una de las lecciones más importantes que he aprendido sobre cómo disfrutar la vida es que nuestra capacidad para lograrlo no se basa en circunstancias que consideramos agradables. Disfrutar la vida es una actitud del corazón. Durante años, quise e intenté cambiar a las personas y las situaciones para que me hicieran feliz. Una vez que descubrí que el mundo no iba a cambiar para acomodarme, decidí ajustar mi enfoque sobre algunas de las situaciones que enfrentaba. También decidí tratar de encontrar la manera de disfrutar de todo lo que hacía, que incluía mi trabajo y tareas que no me agradaban. Si no podemos disfrutar de lo que estamos haciendo, al menos podemos disfrutar de Jesús mientras lo hacemos. Estas decisiones marcaron una diferencia notable en mi vida y creo con todo mi corazón que también te ayudarán a ti.

Nos enfrentamos a muchas presiones, pero como mujeres que caminan con Dios, aunque vivimos en un mundo lleno de presión, también tenemos disponible la abundante calidad de vida que viene de Dios; una vida que no está determinada por el miedo, el estrés, la preocupación o la desesperación. Dios no es impaciente ni tiene prisa. Él se toma el tiempo para disfrutar de todo lo que ha hecho, y quiere que hagamos lo mismo.

> *Una de las lecciones más importantes que he aprendido sobre cómo disfrutar de la vida es que nuestra capacidad para lograrlo no se basa en circunstancias que consideramos agradables.*

He conocido a muchas mujeres que no disfrutan de la vida y eso siempre me entristece. Puede que estén lidiando con muchas cosas, pero lo hacen mientras se sienten estresadas y fatigadas. Llevan cargas pesadas y están cansadas. La gran presión de sus estilos de vida puede incluso causar problemas de salud, que agregan aún más estrés.

Tiene que haber una solución. Y la hay.

Jesús comprende el estrés y el cansancio. En Mateo 11:28-29, Él dice: "Vengan a mí todos ustedes que están cansados y agobiados, y yo les daré descanso. Carguen con mi yugo y aprendan de mí, pues yo soy apacible y humilde de corazón, y encontrarán descanso para su alma".

Entonces, ¿cómo llegamos a Jesús para que nos dé descanso? Él nos dice cómo hacerlo en Mateo 18:3: "Les aseguro que a menos que ustedes cambien y se vuelvan como niños, no entrarán en el reino de los cielos". ¿Cómo son los niños pequeños? Son confiados, cariñosos y comprensivos. Disfrutan de la sencillez y encuentran todo tipo de cosas de las que reírse y formas de disfrutar. ¡La risa es un gran alivio para el estrés!

Dios quiere que enfrentemos la vida con una fe ingenua. Él quiere que crezcamos en nuestro comportamiento y seamos maduras, pero al mismo tiempo que permanezcamos ingenuas en nuestra actitud de confianza y dependencia en Él. Quiere que sepamos que somos sus preciadas hijas y que descansemos en su cuidado por nosotras. Demostramos nuestra fe cuando nos acercamos a Él con estos atributos. No creo que podamos tener paz y disfrutar la vida sin una fe ingenua. Cuando comenzamos a vivir con toda la sencillez e inocencia de un niño, nuestra perspectiva entera cambia de la manera más asombrosa.

Permíteme animarte para que comiences a indagar sobre las formas en que puedas estar complicado en tu relación con Dios. Con esto, quiero decir que quizás compliques demasiado tu fe, o trates de razonar a través de tu relación con Él. Quizá no te sientas libre para relajarte y experimentar gozo en tu vida espiritual porque piensas que Dios puede no aprobarlo. Quizás no estés dispuesta a pedir la ayuda de Dios cuando la necesitas porque crees que debes ser lo suficientemente fuerte o inteligente para lidiar con la vida por tu cuenta. Pídele al

Espíritu Santo que te enseñe cómo disfrutar de tu vida aprendiendo a tener fe ingenua. Él habita en ti (1 Corintios 3:16), y aunque es extraordinariamente poderoso, es también extraordinariamente sencillo. Le gusta hacer que nuestra relación con Él sea fácil para nosotras, no difícil ni agobiante. Él te enseñará cómo disfrutar tu vida si realmente deseas aprender.

Durante años, un obstáculo para mi capacidad de disfrutar fue la adicción al trabajo. Encontraba una satisfacción extrema en los logros, y a menudo trabajaba cuando debería haberme tomado el tiempo para hacer otras cosas, tal vez incluso, para pasar tiempo divirtiéndome con mi familia. Créeme: ¡disfrutar de la vida es un regalo de Dios! Nuestras familias y amigos también son su regalo para nosotras. No te arriesgues a tener una actitud desequilibrada que pueda llevar a las personas cercanas a creer que son menos importantes para ti que tus ocupaciones y tu trabajo. No te dejes aprisionar de tal forma en esa trampa que no puedas disfrutar de los placeres simples o aparentemente pequeños que Dios proporciona cada día.

Dios te ha dado la vida y quiere que disfrutes cada parte de ella y la vivas "en abundancia", como dijo Jesús en Juan 10:10. Una excelente manera de comenzar cada nuevo día es con esta confesión basada en el Salmo 118:24: "Este es el día que el Señor ha hecho; regocijémonos y alegrémonos en él" (LBLA).

> *No te arriesgues a tener una actitud desequilibrada que pueda llevar a las personas cercanas a creer que son menos importantes para ti que tus ocupaciones y tu trabajo.*

Es la voluntad de Dios que disfrutes tu vida. Eso no significa que pases todo el tiempo entreteniéndote, significa que aprendas a disfrutar de las actividades cotidianas y ordinarias porque las estás haciendo con y para el Señor.

Creadores de hábitos

Me has dado a conocer la senda de la vida;
me llenarás de alegría en tu presencia,
y de dicha eterna a tu derecha.

Salmo 16:11

Alégrense siempre en el Señor. Insisto:
¡Alégrense!

Filipenses 4:4

Estén siempre alegres, oren sin cesar,
den gracias a Dios en toda situación,
porque esta es su voluntad para ustedes
en Cristo Jesús.

1 Tesalonicenses 5:16-18

CAPÍTULO 15

El hábito de la determinación

En cualquier momento de decisión, lo mejor es hacer lo correcto, luego lo incorrecto, y lo peor es no hacer nada.

—Theodore Roosevelt

Las mujeres hemos sido blanco de burlas a lo largo de los años debido a nuestra supuesta incapacidad para tomar una decisión. Y aunque somos conscientes de que la indecisión no se limita a las mujeres, estoy segura de que todas sabemos que no es raro que cambiemos de opinión sobre ciertas cosas.

Estoy segura de que sabes de lo que estoy hablando. Puede ser tan simple como ponerte un

determinado atuendo mientras te estás preparando para el día y luego, sin razón aparente, pensar:
*Realmente no quiero ponerme esto hoy. Creo que me
pondré algo más.* Puede ser que le digas a tu esposo
o a una amiga por la mañana que quieres comida
italiana para la cena, pero al final de la tarde has
decidido que prefieres un bistec.

Puede haber momentos en los que estés tranquila, en paz y segura de ti misma en una situación específica, y puede haber momentos en los
que te sientas ansiosa, preocupada e insegura
debido a la misma situación. Puedes tomar una
decisión sobre algo y estar segura de ello, y luego
darte cuenta de que estás confundida e indecisa
acerca de lo que estaba tan claro unos momentos antes.

Muchas veces en mi vida he experimentado
indecisión. En algunas ocasiones parecía ser capaz
de tomar una decisión fácilmente y mantenerla.
Luego, en otras, me costaba mucho hacerlo. La
duda, el miedo y la incertidumbre me perseguían.

Titubeaba de un lado a otro entre dos opiniones. Dudaba de mí misma y no podía decidirme.

Durante mucho tiempo, pensé que no podía hacer nada respecto a mis pensamientos. Asumí que estaba destinada a ser indecisa. Creía en Dios —y lo había hecho durante muchos años— pero no había estado expuesta en absoluto a las enseñanzas bíblicas sobre mis pensamientos o sobre la condición adecuada de la mente de una creyente.

A medida que me volví mucho más seria acerca de mi relación con el Señor y más comprometida a vivir según su Palabra, aprendí que muchos de mis problemas con la indecisión tenían sus raíces en patrones de pensamiento incorrectos e inseguridad. Mi mente era indisciplinada y voluble.

Me sentí abrumada cuando comencé a ver lo indecisa e insegura que era. Me esforcé por corregir el problema rechazando los malos pensamientos que me venían a la mente, pero eran persistentes.

Muchas mujeres luchan con este mismo problema porque han pasado años permitiendo que sus mentes divaguen. No se dan cuenta de que pueden cambiar su forma de pensar, por lo que nunca han aplicado los principios de la disciplina a sus pensamientos. Las personas que parecen no poder concentrarse el tiempo suficiente para tomar una decisión, a menudo piensan que algo en ellas anda mal. Sin embargo, la incapacidad para concentrarse y tomar una decisión puede ser el resultado de años de dejar que la mente haga lo que quiera. Además, a menudo está relacionada con la falta de confianza, la duda y la inseguridad. Pero tengo buenas noticias: cuanto más aprendas acerca de la guía de Dios y la sabiduría que Él ha puesto dentro de ti, más podrás confiar en que eres capaz de tomar buenas decisiones y, de hecho, ya las tomas.

Durante años luché con la incapacidad para tomar decisiones firmes que pudiera mantener. Cuando las circunstancias requirieron una decisión importante, descubrí que no tenía la confianza necesaria ni la disciplina suficiente para dar un paso al frente, tomarla y luego mantenerla. Pero eventualmente me volví una persona muy decidida y tú también puedes serlo.

Si has tenido dificultad para concentrarte, lee estas palabras en Eclesiastés 5:1 y te ayudarán: "Cuando vayas a la casa de Dios, cuida tus pasos" (NVI), lo cual es una forma de decir: "entrega tu mente a lo que estás haciendo". En el camino hacia convertirme en una persona decidida, finalmente me di cuenta de

> *Cuanto más aprendas acerca de la guía de Dios y la sabiduría que Él ha puesto dentro de ti, más podrás confiar en que eres capaz de tomar buenas decisiones y, de hecho, ya las tomas.*

que debía entrenar mi mente a través de la disciplina para permanecer enfocada en el presente, y tú también debes hacerlo. Cuando intentas completar un proyecto, ¿alguna vez te das cuenta de que tu mente se ha desviado hacia algo que no tiene nada que ver con el problema en cuestión? Yo lo he hecho, pero por medio de la gracia de Dios —y disciplinando mi mente—, he mejorado poco a poco.

A veces incluso me distraigo durante las conversaciones. Hay momentos en los que Dave me habla y lo escucho durante un rato y, de repente, me doy cuenta de que dejé de hacerlo. ¿Por qué? Porque dejé que mi mente se desviara hacia otra cosa. Mi cuerpo estaba allí, aparentemente escuchando, pero en mi mente, nada de lo que él decía hacía clic.

Durante mucho tiempo, cuando ocurrían este tipo de cosas, fingía que sabía exactamente lo que Dave estaba diciendo. Ahora simplemente me detengo y digo: "Lo siento, pero ¿puedes repetir eso? Dejé que mi mente divagara y no escuché todo lo que dijiste". De esta manera, estoy lidiando con el problema y disciplinando mi mente para mantener el rumbo. Enfrentar este problema es la única forma de superarlo.

La mente es un campo de batalla. El enemigo lucha por tu atención y quiere que pienses lo que él quiere, no los que quiere Dios. La indecisión y la incertidumbre son a menudo el resultado

> *La mente es un campo de batalla. El enemigo lucha por tu atención y quiere que pienses lo que él quiere, no los que quiere Dios.*

de perder estas batallas y pueden hacer que te preguntes si hay algo mal en tu mente. Pero la verdad es que tus pensamientos solo necesitan disciplina.

Pídele a Dios que te ayude y luego rehúsa permitir que tu mente piense en lo que le plazca. Empieza hoy a controlar tus pensamientos, con la ayuda de Dios, y a concentrarte en lo que estás haciendo o en lo que otros dicen. Deberás practicar, porque romper con los viejos hábitos y formar nuevos siempre lleva tiempo. La disciplina no es divertida cuando la aplicamos, pero al final siempre vale la pena. Cuando ganes la batalla de tu mente, te sentirás mucho más segura de ti misma y desarrollarás el hábito de ser decidida mientras te conviertes en una mujer piadosa que puede tomar una decisión con confianza.

Creadores de hábitos

Ya sea que te desvíes a la derecha o a la izquierda, tus oídos percibirán a tus espaldas una voz que te dirá: «Este es el camino; síguelo».

Isaías 30:21

Los que viven conforme a la naturaleza pecaminosa fijan la mente en los deseos de tal naturaleza; en cambio, los que viven conforme al Espíritu fijan la mente en los deseos del Espíritu. La mentalidad pecaminosa es muerte, mientras que la mentalidad que proviene del Espíritu es vida y paz. La mentalidad pecaminosa es enemiga de Dios, pues no se somete a la ley de Dios, ni es capaz de hacerlo.

Romanos 8:5-7

Pero que pida con fe, sin dudar, porque quien duda es como las olas del mar, agitadas y llevadas de un lado a otro por el viento. Quien es así no piense que va a recibir cosa alguna del Señor; es indeciso e inconstante en todo lo que hace.

Santiago 1:6-8

CAPÍTULO 16

El hábito de la estabilidad

Firme está, oh Dios, mi corazón; firme está mi
corazón.

—Salmo 57:7

Uno de los hábitos sobresalientes en la vida de una mujer piadosa, pienso yo, debería ser la estabilidad emocional. Es decir, la capacidad de mantener el equilibrio emocional y la compostura en cualquier situación, sin importar las circunstancias. El rey Salomón del Antiguo Testamento, que escribió la mayor parte del libro de Proverbios, se refiere a esto en Proverbios 16:32: "Más vale ser paciente que valiente; más vale el dominio propio que conquistar ciudades". Somos mujeres, después de todo, y experimentamos una amplia gama de emociones divinas que pueden ser beneficiosas cuando son guiadas por el Espíritu Santo. Sin embargo, muchas mujeres permiten que sus sentimientos se desborden; esa montaña rusa emocional es un lugar realmente duro para cualquier mujer, y hace que sea difícil vivir con ella. Para alcanzar la estabilidad, debemos tomar la resolución de que no viviremos de acuerdo con nuestros sentimientos.

Dave siempre ha sido muy estable emocionalmente. Por ejemplo, ha habido ocasiones en las que he oído que la gente empieza a hablar de forma negativa sobre nosotros y eso me pone nerviosa, pero Dave dice: "Nosotros no tenemos el problema; aquellos que hablan de nosotros lo tienen. Nuestros corazones

Para alcanzar la estabilidad emocional, debemos tomar la resolución de que no viviremos de acuerdo con nuestros sentimientos.

están bien ante Dios, entonces, ¿por qué deberíamos preocuparnos? Relajémonos y confiemos en que el Señor se encargará de todo".

El carácter firme e inmutable de Dave me recuerda a una roca, que es uno de los nombres que se le da a Jesús (1 Corintios 10:4). A Jesús se le llama la Roca porque Él es sólido y estable, "es el mismo ayer y hoy y por los siglos" (Hebreos 13:8). Jesús no se dejó conmover ni se dejó llevar por sus emociones aun cuando estaba sujeto a los mismos sentimientos que nosotras. En lugar de eso, eligió ser guiado por el Espíritu.

Hubo un momento de mi vida en el que quería ser más como Dave, quien se parecía más a Jesús que yo. Dave dice que puede recordar años atrás cuando conducía a casa desde el trabajo por la noche, pensando: *Me pregunto cómo estará Joyce esta noche. ¿Estará feliz o molesta, comunicativa o callada, de buen humor o de mal humor?* La forma en que me dejaba por la mañana podría no ser la forma en que me encontraba por la noche. Mi alma (mi mente, voluntad y emociones) —en lugar de mi espíritu— me controlaba, porque aún no había estudiado la Palabra de Dios a un punto en que el Espíritu Santo pudiera usarla para renovar mi mente, sanarme y fortalecer mis emociones.

Por ejemplo, era adicta a la emoción. Me resultaba difícil asentarme y vivir una vida ordinaria y común, relajándome y disfrutando de mi esposo, mis hijos y el hogar que Dios me había dado. Necesitaba sentir emoción todo el tiempo. Y no digo que esté mal emocionarse a veces, pero es peligroso necesitar, ansiar emoción o ser excesiva al respecto.

Muchas mujeres deben tener cuidado de sentir emociones "exageradas" por las cosas, porque a menudo la exageración conduce a la decepción. Les daré un ejemplo para aclarar mi punto de vista. Yo solía ponerme muy ansiosa respecto a ir de vacaciones. Si el viaje se posponía o no salía como yo esperaba, experimentaba un bajón emocional.

Habría sido mejor para mí (y para toda mi familia) ver las cosas con flexibilidad, tener una firme determinación de aceptarlas como sucedieran y disfrutar de ellas, que crear expectativas, esperando que fueran de cierta manera. Jesús dijo en Juan 15:11 que deseaba que su alegría —"deleite sereno"— estuviera en nosotros, que fuera completa y nos desbordara de gozo (NTV).

Hoy en día, es posible que todavía me entusiasme planificar ciertas cosas, pero no siento emociones extremas por ello. Mantengo un placer tranquilo y no permito que mis emociones se aceleren y dependan de que mi plan salga a la perfección. De esa forma, si las cosas no salen de acuerdo con lo planificado, mis emociones no se desploman.

Dios desea que nos mantengamos equilibradas. Si has sido el tipo de mujer que fui, que tuvo cuidado de no tener expectativa en absoluto para nunca sentirme decepcionada, esa tampoco es una posición equilibrada. Es cierto que todos los días no serán gloriosamente emocionantes. Habrá días en que sí, pero no podemos pasar la mayor parte de nuestra vida buscándolo. También habrá días en los que las tormentas se desaten a nuestro alrededor y podríamos ser tentadas a sentir miedo, ansiedad o desesperación. En el Salmo 143:10, David le dijo al Señor: "Que tu buen Espíritu me guíe por un terreno sin obstáculos".

Amo esa oración de David. ¿No quieres que tu corazón y tu mente vivan en un terreno sin obstáculos? Pues yo sí. Probablemente estés pensando: *Yo tengo ese mismo problema que tú tenías, Joyce, pero ¿cómo puedo cambiar?* La siguiente es una clave importante para el cambio y el crecimiento espiritual: tienes que estar dispuesta a dejar que tu carne sufra cuando elijas lo que sabes que es correcto. No puedes negar la existencia de tus sentimientos, pero puedes canali-

> *Tienes que estar dispuesta a dejar que tu carne sufra cuando eliges lo que sabes que es correcto.*

zarlos en la dirección correcta, encontrando el lugar de equilibrio que trae paz. Permitir que la carne sufra mientras su poder sobre ti se debilita no es agradable, pero experimentar lo mejor que Dios tiene reservado para ti es imposible sin eso (Romanos 8:16). A medida que crecía en mi relación con el Señor y en el conocimiento de su Palabra a lo largo de los años, comencé a tener la convicción en mi corazón de que me comportaba mal cuando mis emociones estaban desequilibradas. Tenía que tomar una decisión en ese momento: podía seguir actuando de maneras que sabía que no agradaban a Dios (y, de hecho, estaban lastimando a mi familia), o hacer lo que sabía que haría Jesús, aunque mi carne gritara y me presionara para seguir teniendo el control. Vale la pena emprender el camino hacia la estabilidad emocional.

Dios no espera que seas perfecta. Él solo quiere que sigas avanzando hacia Él, alineando tu voluntad con la suya y permitiéndole desarrollar estabilidad emocional y autocontrol. Tener emociones no es un pecado, lo que importa es lo que hacemos con ellas.

Cuando todo va de acuerdo con nuestras expectativas, es fácil mantenernos estables. Pero cuando surgen las tormentas de la vida, nuestras emociones tienden a ser sacudidas en todos los sentidos en que sopla el viento. Sométete a ti misma y a cualquier situación que haga que tus emociones dicten cómo actúas ante Dios y elige negarte a ceder ante ellas. Pídele al Señor que te dé la capacidad de estar tranquila y estable en cada situación, incluso en las más difíciles (Salmo 94:13), y que te ayude a formar el hábito de vivir de esa manera. Él te ama y desea bendecirte con fortaleza y estabilidad emocional.

Creadores de hábitos

El que es iracundo provoca contiendas;
el que es paciente las apacigua.

Proverbios 15:18

El necio da rienda suelta a su ira, pero
el sabio sabe dominarla.

Proverbios 29:11

Mis queridos hermanos, tengan presente esto:
Todos deben estar listos para escuchar,
y ser lentos para hablar y para enojarse; pues
la ira humana no produce la vida justa
que Dios quiere.

Santiago 1:19-20

CAPÍTULO 17

El hábito de liberar tus preocupaciones

La preocupación es un ciclo de pensamientos ineficientes que giran alrededor del temor.

—Corrie ten Boom

La preocupación —sentirse intranquila, perturbada, ansiosa y agobiada por las cargas y los problemas— parece plagar a multitud de mujeres en nuestro mundo de hoy. Es la naturaleza humana preocuparse por las situaciones inquietantes y en nuestra vida personal, pero Dios nos ofrece otra forma de vivir. Él nos ofrece la oportunidad de entregarle todas nuestras preocupaciones y estar en paz mientras nos brinda las respuestas que necesitamos.

La preocupación es lo opuesto a la fe y es un hábito perjudicial. Nos roba la paz, nos desgasta físicamente e incluso puede enfermarnos. La preocupación es causada por no confiar en que Dios se encargará de las diversas situaciones que enfrentamos. Con demasiada frecuencia confiamos en nuestras habilidades, creyendo que podemos averiguar cómo solucionar nuestros problemas. Sin embargo, a veces, después de toda nuestra preocupación y esfuerzo por hacerlo solas, no lo conseguimos, incapaces de encontrar soluciones adecuadas.

La Biblia tiene mucho que decir sobre cómo debemos manejar la preocupación y las emociones que la acompañan. Cuando pienso en estas cosas, al principio siempre me viene a la mente 1 Pedro 5:7, porque mi esposo, Dave, es un campeón en "depositar cargas". Dice: "Depositen en Él toda ansiedad [todas sus cargas, todas sus preocupaciones, todas sus inquietudes, de una vez por todas] porque él cuida de ustedes". Esas son buenas noticias que Dave entendió y practicó mucho antes que yo.

Durante años fui una persona aprensiva, pero cuando comencé a caminar con Dios, aprendí que la preocupación, la ansiedad y la angustia, realmente, no tienen un efecto positivo en nuestras vidas.

> *La preocupación es causada por no confiar en que Dios se encargará de las diversas situaciones que enfrentamos.*

Nunca traen una solución a los problemas e impiden nuestro crecimiento espiritual. Con esto en mente, pensemos en la historia que Jesús contó en Marcos 4:1-19. Él habló acerca de un agricultor que sembraba semillas en diferentes tipos de suelo, lo que producía diferentes tipos de resultados. Cuando Él explicó esta parábola, comparó la semilla con la Palabra de Dios que está plantada en nuestros corazones. Dijo en Marcos 4:19 que "las preocupaciones de esta vida" pueden "ahogar la Palabra, de modo que esta no llega a dar fruto". Es decir, cuando nos preocupamos, la Palabra de Dios no trae las bendiciones que Él quiere para nosotros.

Pienso que abrumarnos con cargas y preocupaciones es una de las principales maneras en que Satanás trata de robar la Palabra de Dios de los corazones de los cristianos comprometidos y de mantenerlos enfocados en sus problemas en lugar de descansar en la bondad de Dios. Como mujeres, necesitamos que nuestro corazón sea libre para meditar en la Palabra de Dios. Nuestras familias necesitan que seamos mujeres de la Palabra para que podamos recibir revelación sobre cómo debemos vivir individualmente y como unidad familiar. Nuestros empleadores necesitan que seamos mujeres de la Palabra para que puedan confiar y depender de nuestra sabiduría, integridad y comprensión otorgadas por Dios. Nuestra iglesia necesita que seamos mujeres de la Palabra para que podamos ayudar a satisfacer las necesidades de los demás en nuestras comunidades.

Estas cosas buenas solo llegan cuando las verdades de Dios están arraigadas en nuestro corazón. Filipenses 4:6 nos recuerda: "No se inquieten por nada; más bien, *en toda ocasión*, con oración y ruego, presenten sus peticiones a Dios y denle gracias" (las itálicas son mías). La instrucción es clara: no debemos permitir que las preocupaciones nos agobien y distraigan. La razón de esto es lo que aprendimos en Marcos 4:19: que cuando nuestras mentes están constantemente en nosotras mismas, en nuestros problemas y necesidades personales, nos volvemos ineficientes y carentes de voluntad.

Debemos desarrollar el hábito de orar por todo y no preocuparnos por nada. Preocuparnos es señal de que pensamos que podemos resolver por nosotras mismas. Y aunque las mujeres pueden manejar y atender muchas cosas a la vez, no estamos hechas para manejar nuestros problemas. Dios nos creó para depender de Él y para entregarle nuestros retos y dificultades y permitirle que nos ayude con ellos.

La única manera de tener la victoria es seguir las reglas de Dios, y Él dice que debemos dejar de preocuparnos si queremos tener paz. Cuando enfrentamos situaciones que nos preocupan, necesitamos la ayuda de Dios. La forma de obtener su ayuda es hacer lo que nos enseñan Filipenses 4:6 y 1 Pedro 5:7: dejar de preocuparnos, orar, ser humildes y depositar en Él nuestras cargas. En lugar de sentirnos mal tratando de averiguar qué hacer en las circunstancias que nos preocupan, Dios quiere que pongamos nuestra confianza en Él y entremos en su reposo, abandonándonos totalmente a su cuidado. Esto parece claro y simple, pero muchas mujeres hoy en día continúan luchando porque estamos acostumbradas a hacer tantas cosas por nosotras mismas y por los demás que podemos ser reacias a pedir ayuda.

Cuando aprendemos a pedir ayuda a Dios y a confiar en Él, nuestras vidas empiezan a cambiar. Pero mientras tratemos de manejar las cosas nosotras mismas, Dios nos lo permitirá. Él no se ocupará de nuestros problemas y preocupaciones —de nuestras cargas— hasta que las soltemos y se las entreguemos. Esto no significa que debamos volvernos irresponsables o perezosas. Dios no hará lo que podemos hacer por nosotras mismas. Debemos hacer lo que podamos y luego confiar en que Dios hará lo que no podamos. Cuando nos mostramos humildes y pedimos su ayuda,

Cuando aprendemos a pedir ayuda a Dios y a confiar en Él, nuestras vidas empiezan a cambiar.

Él derrama su poder en nuestras situaciones.

Déjame hacerte algunas preguntas que podrían inspirarte a hacer cambios beneficiosos: ¿puedes imaginar tu vida sin preocupaciones? ¿Cuánta más libertad, felicidad y plenitud disfrutarías si no estuvieras preocupada por las cosas? ¿Por qué no empezar hoy mismo una vida libre de preocupaciones? Pídele a Dios que te muestre todas las veces que asumes cargas en lugar de deshacerte de ellas. Cuando Él haga que te des cuenta de ello, debes estar dispuesta a entregárselas inmediatamente. Él quiere que desarrolles el hábito de entregarle todas tus cargas porque Él cuida de ti.

Creadores de hábitos

Cuando en mí la angustia iba en aumento,
tu consuelo llenaba mi alma de alegría.

Salmo 94:19

No dejen que el corazón se les llene de angustia;
confíen en Dios y confíen también en mí.

Juan 14:1 NTV

Por eso les digo: No se preocupen por su vida, qué comerán o beberán; ni por su cuerpo, cómo se vestirán. ¿No tiene la vida más valor que la comida, y el cuerpo más que la ropa? Fíjense en las aves del cielo: no siembran ni cosechan ni almacenan en graneros; sin embargo, el Padre celestial las alimenta. ¿No valen ustedes mucho más que ellas? ¿Quién de ustedes, por mucho que se preocupe, puede añadir una sola hora al curso de su vida?

Mateo 6:25-27

CAPÍTULO 18

El hábito de la generosidad

Nos ganamos la vida por lo que obtenemos, pero hacemos una vida por lo que damos.

—Winston Churchill

¿Has considerado el hecho de que es posible desarrollar el hábito de la generosidad? Algunas personas son generosas con ciertas personas en determinadas ocasiones, tal vez durante los cumpleaños o la navidad, pero en otras ocasiones simplemente no piensan en ser generosas. No buscan oportunidades para dar a los demás, no buscan hacer algo especial o inesperado por alguien, ni encuentran formas de ser generosas con personas que tal vez ni siquiera conocen. Creo que formar el hábito de la generosidad honra a Dios porque Él es generoso en todos los sentidos, con todas las personas. He oído decir que cuando damos, somos más como Dios que en cualquier otro momento, y una manera en la que podemos mostrar nuestro agradecimiento por todo lo que Dios ha hecho por nosotras es ser una bendición para los demás.

Cuando hemos establecido hábitos, los echamos de menos si dejamos de hacerlos. Espero que el hábito de la generosidad se arraigue tanto en ti que, si pasas demasiado tiempo sin hacer algo por los demás, comiences a anhelar y a buscar formas de ser amable con otras personas. Durante años, nunca se me ocurrió ser generosa con los demás, pero ahora intento deliberadamente buscar cómo puedo bendecir a las personas. Me aseguro de saber lo que necesitan y quieren, y le pido al Espíritu Santo que me guíe para satisfacer sus necesidades a través de mí, como Él lo crea conveniente. Me apresuro a decir que algunas de las mayores alegrías de mi vida provienen de ser una bendición para los demás.

Ser generosas significa elegir hacer más de lo que sentimos que debemos hacer y siempre hacer todo lo que podamos por los demás. Significa que somos conscientes y sensibles a las necesidades y deseos de otras personas, y estamos dispuestas a satisfacer esas necesidades en la mayor medida posible. Una persona generosa realmente se preocupa por los demás y busca formas de bendecirlos deliberadamente, sin condiciones.

Las personas que dan de mala gana o esperan algo a cambio no expresan verdadera generosidad. Pero aquellas que dan con un corazón dispuesto, simplemente queriendo bendecir a otros, expresan el tipo de generosidad que Dios quiere que demostremos. Como dice 2 Corintios

> *Ser generosas significa elegir hacer más de lo que sentimos que debemos hacer y siempre hacer todo lo que podamos por los demás.*

9:7, Él "ama al que da con *alegría*" (las itálicas son mías).

Muchas veces, la generosidad implica una bendición económica, pero también podemos ser generosas con nuestro tiempo, nuestros dones y talentos, nuestras habilidades profesionales, nuestra amistad y nuestra voluntad de ayudar a los demás de cualquier manera en que necesiten ayuda. Si te encuentras en una situación difícil en este momento y no tienes mucho dinero para dar a los demás, no dejes que el enemigo te convenza de que no puedes desarrollar el hábito de la generosidad. Tienes algo maravilloso que ofrecer a las personas que te rodean, ya sea la habilidad de coser o limpiar la casa, preparar una deliciosa taza de café y tomarte unos minutos para pasar tiempo con una amiga, saber escuchar a alguien que está atravesando un momento difícil y necesita hablar, o limpiando tus alacenas o joyero y regalando objetos que ya no usas. Tal vez sepas cómo vestirte bien con un presupuesto limitado o cómo maquillarte de manera favorecedora, y puede haber alguien a tu alrededor que quiera aprender a mejorar su apariencia. A lo mejor eres una persona jubilada que tiene años de experiencia en una determinada industria y podrías ser generosa con las lecciones que has aprendido para así poder ayudar a una persona joven que recién está empezando en la misma carrera.

Existen muchas maneras de ser generosa y la verdadera generosidad es una cuestión de corazón. La Segunda Carta de Corintios 8:12 dice: "Porque, si uno lo hace de buena voluntad, lo que da es bien recibido según lo que tiene, y no según lo que no tiene".

Si le pides a Dios que te muestre cómo Él quiere que expreses generosidad para bendecir a los demás, Él lo hará y encontrarás un gran gozo al seguir sus instrucciones.

Un espíritu de generosidad inspira a una persona a dar cuando parece no tener sentido o cuando requiere extenderse más allá de lo agradable.

La antigua iglesia de Macedonia es un buen ejemplo de esto. Los creyentes allí estaban sufriendo mucho y experimentaban una gran carencia, pero tenían tanto gozo en Dios que se sentían obligados a dar en abundancia. Según 2 Corintios 8:2-3, no se limitaban a dar solo lo que podían; estaban dispuestos al sacrificio de dar más de lo que podían. El simple hecho de pensar en esta historia me hace admirar a estas personas y querer vivir con la misma actitud que demostraron. Las personas generosas son atractivas. Las otras personas se sienten atraídas por ellas y disfrutan estar cerca de ellas tanto como sea posible, mientras que nadie quiere estar en presencia de alguien tacaño o codicioso por mucho tiempo.

> *Cuanto más crecemos en virtud, menos pensamos en nosotras mismas y más nos interesamos por otras personas.*

La codicia y el egoísmo parecen estar aumentando en nuestra sociedad. Nada bueno proviene de personas codiciosas y egocéntricas. Lo opuesto a la codicia es la generosidad, y nada combate más la negatividad de ensimismarnos que hacer algo por otra persona. Cuanto más crecemos en virtud, menos pensamos en nosotras mismas y más nos interesamos por otras personas. Podemos aprender a levantarnos todos los días con el objetivo de ser a propósito una bendición para alguien más. De hecho, creo que uno de los temas fundamentales de nuestra vida como mujeres piadosas debería ser dar, servir y amar a los demás. Filipenses 2:3-4 dice: "No hagan nada por egoísmo o vanidad; más bien, con humildad consideren a los demás como superiores a ustedes mismos. Cada uno debe velar no solo por sus propios intereses, sino también por los intereses de los demás".

Quizás tú eres ahora como fui yo hace años, y la idea de desarrollar el hábito de la generosidad simplemente no es algo que se te ocurra a menudo. Tal vez estés ocupada tratando de subsistir cada mes y, a veces, hay más mes que dinero. Lo entiendo. Pero también sé que, si tienes corazón para convertirte en una persona generosa, Dios te dará maneras de hacerlo. Mi oración por ustedes se hace eco de la oración de Pablo por los creyentes en Corinto: "Ustedes serán enriquecidos en todo sentido para que en toda ocasión puedan ser generosos" (2 Corintios 9:11).

Creadores de hábitos

Bien le va al que presta con generosidad,
y maneja sus negocios con justicia.

Salmo 112:5

Unos dan a manos llenas, y reciben más de lo
que dan; otros ni sus deudas pagan, y acaban
en la miseria. El que es generoso prospera;
el que reanima será reanimado.

Proverbios 11:24-25

Den, y se les dará: se les echará en el regazo una medida llena, apretada, sacudida y desbordante. Porque con la medida que midan a otros, se les medirá a ustedes.

Lucas 6:38

CAPÍTULO 19

El hábito de
la confianza

*Pues Dios no nos ha dado un espíritu de ti-
midez, sino de poder, de amor y de dominio
propio.*

—2 Timoteo 1:7

Desarrollar la confianza puede mejorar todos los
aspectos de tu vida. Facilita las cosas difíciles porque te hace creer que puedes superarlas y te hace
sentir mejor acerca de quién eres y qué puedes
hacer. No me refiero al tipo de confianza que da
el mundo, sino a la confianza en Dios. Defino este
tipo de confianza como la creencia de que eres
capaz y puedes hacer lo que sea necesario porque

Dios te da la fortaleza para hacerlo. También me he referido a ello en varias enseñanzas como "asertividad virtuosa" y como la expectativa de que tendrás éxito en cualquier cosa que Dios te lleve a hacer. La actitud de una persona segura de sí misma es firme, intrépida y fuerte en el Señor, y está llena de *sí puedo*, no de *no puedo*.

Durante los primeros cuarenta años de mi vida, fui insegura y carecí de confianza. Pero a medida que aprendí a caminar con Dios y a vivir de acuerdo con su Palabra, me convertí en una persona segura. Si tuviera que buscar la confianza dentro de mí, me decepcionaría a menudo, pero si mi confianza está en Cristo, puedo estar segura de que Él me fortalecerá para hacer lo que sea necesario en cualquier situación.

Uno de mis pasajes bíblicos favoritos sobre la confianza es Filipenses 4:13. No utiliza específicamente la palabra *confianza*, pero nos ayuda a entender exactamente qué es la confianza en Dios y cómo funciona: "Todo lo puedo en Cristo que me fortalece", a lo que la Biblia Amplificada, Edición Clásica —en inglés—, añade un comentario que se puede traducir como: "estoy listo para cualquier cosa y a la altura de cualquier desafío, a través de Él que me infunde fuerza interior; soy autosuficiente en la suficiencia de Cristo".

He descubierto que la confianza también es una elección. Una parte de esa elección es decidir creer en la Palabra de Dios, tal como Filipenses 4:13, otros versículos mencionados en este capítulo y aquellos que aparecen como 'Creadores de hábitos' al final de este capítulo. Algunas mujeres se muestran tímidas, inseguras o llenas de dudas. Independientemente de las experiencias de vida o los temperamentos innatos que las hagan actuar de esta manera, pueden superar estas cosas eligiendo tener confianza y caminar con Dios a medida que Él las fortalece. Dios quiere que seamos valientes y seguras en Él. Es un regalo de Dios que todas pueden decidir aceptar y un hábito que podemos elegir desarrollar.

No es un sentimiento, es una forma de pensar deliberada.

A veces, cuando estoy ministrando a multitudes de personas, no necesariamente me siento muy segura de mí misma, así que tengo que decidir actuar con confianza. No siempre puedo discernir si la gente está interesada en lo que estoy diciendo o no. Si permitiera que eso afectara mi nivel de confianza, me sentiría zarandeada emocionalmente en muchas direcciones. El mismo principio es cierto para ti: puede ser que no tengas que hablar ante una audiencia enorme, pero ciertamente hay otras personas en tu vida. Si permites que lo que determine tu confianza sean esas personas o la manera en que ellas te respondan, entonces continuamente necesitarás una nueva "dosis" de gestos, miradas o palabras de aprobación. La aceptación que otras personas nos ofrecen se siente bien durante un tiempo, pero no es suficiente para acompañarnos por el resto de la vida. Dios ciertamente puede usar la afirmación

> *La aceptación que otras personas nos ofrecen se siente bien durante un tiempo, pero no es suficiente para acompañarnos por el resto de la vida.*

de las otras personas para bendecirnos, pero Él no quiere que encontremos nuestra confianza y fortaleza en ella.

La verdadera confianza comienza en el alma y trabaja de adentro hacia afuera. Empieza en nuestros corazones y mentes y luego nos permite hacer lo que no seríamos capaces de hacer si nos sintiéramos inseguras o si careciéramos de valor y fortaleza. La verdadera vida de las personas —quiénes son realmente— está en el interior, no en el exterior. No tiene nada que ver con lo que poseen o con lo que hacen para ganarse la vida o cuán altamente educadas o talentosas son. Estas cosas tal vez sirvan para describir a una persona, pero no son los aspectos más importantes de la vida de nadie.

Existen muchas personas en el mundo que se esfuerzan en proyectar una actitud de confianza y fortaleza, pero por dentro se sienten miserables. La verdadera confianza no es una especie de sentido que las personas desarrollan para salir al mundo, moverse rápido, hablar en voz alta y actuar como si fueran más fuertes o más capaces que los demás.

Al contrario, una persona que tiene la confianza que viene de Dios tiene paz en su alma y camina con humildad, sabiendo que Él es la fuente de su fortaleza y que todo lo que ella hace, lo hace por su gracia. Jesús dijo en Juan 15:5 que no podemos hacer nada separadas de Él. Una persona que tiene verdadera confianza sabe que esto es cierto y confía en el Espíritu Santo para tener el valor y la capacidad de hacer lo que sea necesario. Una mujer que obra con auténtica confianza nunca tiene que intentar venderse a los demás o convencerlos de que es capaz de hacer grandes cosas. Ella simplemente hace lo que hay que hacer y confía su reputación a Dios. El Señor hará que otros reconozcan sus habilidades, siempre y cuando sea necesario. Ella sabe que la asertivi-

> *Una mujer que obra con auténtica confianza nunca tiene que intentar venderse a los demás o convencerlos de que es capaz de hacer grandes cosas.*

dad virtuosa es una cualidad hermosa y discreta que comienza en el corazón, y se mantiene firme en la convicción de que no está sola, que Dios está con ella y que tiene la capacidad de hacer lo que sea necesario.

Quiero animarte para que te comprometas a desarrollar el hábito de la confianza. Hará una diferencia muy positiva en tu vida. Elije creer y decir "yo puedo" en lugar de "no puedo", sabiendo que la Palabra de Dios promete que puedes hacer todas las cosas que están dentro de su voluntad, a través de Cristo porque Él te fortalece (Filipenses 4:13). Deposita tu confianza en su habilidad para trabajar a través de ti, no en lo que crees que puedes hacer por tu cuenta. Romanos 8:31 dice: "Si Dios está de nuestra parte, ¿quién puede estar en contra nuestra?". Como creyente, puedes confiar en que Dios está contigo. Él está de tu lado. Él pelea tus batallas, y nunca pierde. Él siempre te lleva triunfante en Cristo (2 Corintios 2:14). Todas las mañanas, cuando te despiertes, piensa que tendrás éxito en cada situación y dite a ti misma: "¡Dios hará algo bueno por mí hoy!"

Creadores de hábitos

El producto de la justicia será la paz;
tranquilidad y seguridad perpetuas
serán su fruto.

Isaías 32:17

Bendito el hombre que confía en el Señor
y pone su confianza en él.

Jeremías 17:7

Así que acerquémonos confiadamente al trono
de la gracia para recibir misericordia
y hallar la gracia que nos ayude en el
momento que más la necesitemos.

Hebreos 4:16

CAPÍTULO 20

El hábito de la simplicidad

Cuanto más tienes, más ocupado estás. Cuanto menos tienes, más libre eres.

—Madre Teresa de Calcuta

En el mundo ajetreado y complicado de hoy, ¿has descubierto que tratar de simplificar las cosas puede ser un verdadero reto? Incluso lo que creemos que *debería* ser simple puede complicarse rápidamente por varias razones. A veces podemos pensar: *Simplemente iré a la tienda por un galón de leche.* Pero cuando llegamos allí, nos damos cuenta de que también necesitamos huevos, jugo y pan. Luego recordamos que a un miembro de la familia le gusta el jugo de manzana, mientras que a otro le gusta el jugo de naranja y nos cuesta recordar cuál se nos está acabando. Cuando llamamos a casa para averiguarlo, la persona que contesta el teléfono dice: "¿Y también puedes comprar cereal? No me gusta la marca que compraste la semana pasada, así que puedes comprar alguna otra... Y de camino a casa, ¿puedes recoger la ropa de la tintorería? Olvidé que necesito mi suéter gris mañana, y está en la tintorería". Para cuando salimos del supermercado, tenemos todo un carrito de compras lleno de cosas y es posible que hayamos hablado con todos los miembros de la familia, expresando sus preferencias y opiniones —todo esto por lo que habíamos pensado que era solo un galón de leche.

Algunas personas tienen la capacidad innata de complicar incluso las cosas más simples. Hubo un momento en mi vida en el que yo hacía todo mucho más complicado de lo necesario. Parecía ser capaz de complicar las situaciones más simples. Cuando me convertí en cristiana, comencé a darme cuenta de que esta área de mi vida necesitaba mayor atención. No me gustaba complicar las cosas, y no era mi intención hacerlas más difíciles de lo que debían haber sido y, sin embargo, seguía haciéndolo.

Cuando miraba a las personas a mi alrededor, especialmente a otras mujeres en una etapa similar de la vida, mi mundo parecía mucho más complejo que el de ellas. Cada área de mi vida parecía complicada —no solo mis acciones, sino también mi manera de pensar. Incluso complicaba mi relación con Dios porque había desarrollado un enfoque legalista de la justicia. Para mí, la vida misma era complicada. Sentía que tenía muchos problemas complejos y no me daba cuenta de que era así solo por la manera complicada en que me planteaba la vida. Eventualmente aprendí que cuando nos complicamos por dentro, todo lo demás parece también complicado.

Muchas veces, el acto de complicar situaciones nace de una necesidad malsana de impresionar a otras personas. Debido a que fui abusada en mi infancia, me sentí muy insegura durante muchos años. Las personas que son inseguras tratan de impresionar a los demás porque sienten que podrían ser rechazadas si actúan como son realmente.

Recuerdo un buen ejemplo de una manera en que solía complicar las cosas. Entretener a amigos e invitados en nuestra casa era algo que siempre había querido hacer pero que nunca disfrutaba realmente. Podía hacer planes para una simple barbacoa de hamburguesas y perros calientes con mi esposo, Dave, y otras tres parejas y, antes de que terminara la reunión, convertirla en una pesadilla.

Cuando nos complicamos por dentro, todo lo demás parece también complicado.

Debido a mis inseguridades, cuando entretenía, todo tenía que ser perfecto: la comida y las bebidas adecuadas, una casa inmaculada, un jardín bien cuidado y muebles de jardín impecables. Los niños tenían que lucir como si acabaran de salir de la página de una revista de moda y, por supuesto, yo tenía que usar el atuendo adecuado y cada uno de los cabellos tenían que estar en su lugar.

Y como temía que alguien pudiera sentirse excluido, terminaba invitando a varias parejas más de las que había planeado incluir originalmente, lo que significaba que tal vez no hubiera suficientes sillas de jardín para todos. Así que me apresuraba a comprar más sillas, para lo cual realmente no teníamos dinero.

En algún punto del camino, decidía cambiar el plan simple de perros calientes y hamburguesas, frijoles horneados y papas fritas, a un menú que me parecía más impresionante. Así que me apresuraba a ir a la tienda a comprar filetes que no podíamos pagar, a preparar una ensalada de papa que involucraba un proyecto de dos horas, y a preparar suficientes guarniciones adicionales para alimentar a un pequeño ejército porque no podía soportar la idea de quedarme sin comida y que se estropeara mi imagen. Podría haber preparado simplemente té helado, café y limonada, pero debía tener todo eso, además de cuatro tipos de refrescos.

Trabajaba tan duro antes de que comenzara el evento que estaba agotada para cuando llegaban nuestros invitados. Incluso su llegada no ponía fin a mi trabajo. Continuaba trabajando la mayor parte del tiempo que estaban allí sacando y guardando comida, lavando platos y limpiando la cocina.

Entonces sentía que el resentimiento se acumulaba en mi corazón porque parecía que todos los demás se estaban divirtiendo y disfrutando y dejándome todo el trabajo a mí. Para cuando terminaba la velada, me encontraba agotada tanto física como mentalmente, preguntándome cómo una simple reunión se había convertido en un evento tan grande.

Finalmente tuve que enfrentar la verdad acerca de mis inseguridades y admitir que mi necesidad de admiración y aceptación estaba creando el problema. Cuando busqué la ayuda de Dios, empecé a comprender que para tener una vida más simple que pudiera disfrutar, yo tendría que cambiar. La vida no iba a cambiar; yo tenía que hacerlo.

¿Puedes identificarte con mi historia sobre la barbacoa? ¿Acaso describe tu visión de la vida? Tal vez hayas hecho las mismas cosas que yo hice, o tal vez pasas por algo similar cuando te estás preparando para recibir invitados en tu casa o cuando estás a cargo de un evento de la iglesia, la comunidad o cuando haces una presentación de trabajo importante. Proverbios 16:3 da una buena instrucción a las mujeres que, como yo lo hacía, tienden a complicar todo: "Pon en manos del Señor todas tus obras, y tus proyectos se cumplirán".

Dios eventualmente me ayudó a ver que no es necesario que cada evento de mi vida se convierta en un proyecto. Una vez que entendí *por qué* siempre necesitaba que todo fuera perfecto, pude lidiar con mis inseguridades y llegar a un acuerdo con la manera tranquila, pacífica y llena de gozo que Dios quiere que vivamos. No sucedió de la noche a la mañana —fue un proceso—pero eventualmente pude relajarme y comenzar a simplificar mi vida.

Tengo una revelación para ti: la simplicidad te da alegría, mientras que la complicación te la roba. Si eres una mujer que complica la vida

> *La simplicidad te da alegría, mientras que la complicación te la roba.*

como lo hacía yo, tú también puedes encomendar tus complicadas obras al Señor. Puedes llegar a un acuerdo con la forma en que Él quiere que vivas y podrás disfrutar de todo lo que haces. La vida no tiene que estar llena de eventos complicados, así que simplemente relájate, desarrolla el hábito de simplificar las cosas, confía en Dios y deja que Él determine tus planes.

Creadores de hábitos

Deléitate en el Señor, y él te concederá los deseos de tu corazón. Encomienda al Señor tu camino; confía en él, y él actuará.

Salmo 37:4-5

Más vale un puñado de descanso que dos de fatiga por querer atrapar el viento.

Eclesiastés 4:6 (DHH)

Los que viven conforme a la naturaleza pecaminosa fijan la mente en los deseos de tal naturaleza; en cambio, los que viven conforme al Espíritu fijan la mente en los deseos del Espíritu. La mentalidad pecaminosa es muerte, mientras que la mentalidad que proviene del Espíritu es vida y paz.

Romanos 8:5-6

CAPÍTULO 21

El hábito de servir a los demás

No pierdas la ocasión de servir a Dios. Y como él es invisible a nuestros ojos, debemos servirle en nuestro prójimo; que él recibe como si lo hicieran a él mismo en persona, de pie visiblemente ante nosotros.

—John Wesley

Tanto los siervos como los mártires hacen cosas por las personas, pero las hacen con actitudes muy diferentes enraizadas en motivos diferentes. Todas sabemos lo que es un mártir. Hemos escuchado las historias de hombres y mujeres heroicos que, a lo largo de los siglos, han pagado el precio máximo y han dado sus vidas por aquello en lo que creían. Pero hay otro tipo de mártir, uno sin valor ni nobleza. Algunas mujeres son especialmente propensas al tipo de comportamiento de mártir del que estoy hablando, y estoy segura de que todas conocemos una gran y constante sufridora que disfruta compartiendo su dolor y sus dificultades con cualquiera que esté dispuesto a escucharla. Esta mártir quiere que todos a su alrededor conozcan los sacrificios que está haciendo en la vida.

Una vez conocí a una mujer así. Se sentía esclava de su familia y definitivamente tenía la actitud de una mártir. Francamente, me cansé de escucharla hablar continuamente de lo mucho que hacía por todos y de lo poco que la apreciaban, y otras personas también se cansaron. Pude darme cuenta de que llevaba un continuo registro de lo que hacía por los demás frente a lo que ellos hacían por ella. A la larga, logró destruir su matrimonio y la mayor parte de su relación con sus hijos. ¡Qué tragedia!

Es fácil caer en la trampa de la mártir. Es muy fácil y puede parecer muy natural que las mujeres empiecen a servir a sus familias y amigos, y que lo disfruten. Después de todo, eso es lo que gran parte de la sociedad supone que deben hacer las mujeres. Tendemos a anteponer el deber hacia los demás a nuestras propias ambiciones. Somos las cuidadoras, las pacificadoras, las que aseguramos a nuestros familiares que siempre estamos disponibles para ellos y que todo estará bien. A menudo nos aseguramos de que todos se alimenten y tengan ropa limpia. Tal vez nos aseguramos de que la cafetera en el trabajo siempre esté llena y somos las primeras en ofrecernos como voluntarias para satisfacer una necesidad en nuestra iglesia o comunidad.

> *Es fácil caer en la trampa de la mártir.*

Sin embargo, después de un tiempo, nuestro corazón puede empezar a cambiar y comenzamos a esperar algo a cambio de todo el esfuerzo y el cuidado que estamos invirtiendo. Después de todo, estamos trabajando muy duro y sacrificando mucho. Eventualmente ya no tenemos el corazón de una servidora. Nos desanimamos porque nuestras expectativas no se están cumpliendo. Sentimos resentimiento por lo que hacemos por los demás y nuestra actitud se vuelve amarga. Pronto descubrimos que nos hemos sumido en la autocompasión. Nos hemos convertido en mártires. Yo lo sé, he pasado por eso.

Una mañana, cuando me levanté y bajé a preparar café, sentí que el Señor me animaba a preparar una ensalada de frutas para Dave. Le encanta la ensalada de frutas por las mañanas y sabía que sería un buen gesto preparársela. Todavía no se había levantado, y tuve tiempo de prepararla, para sorprenderlo cuando bajara.

El problema era que yo no quería prepararle una ensalada de frutas. Podría haber lidiado con poner un plátano o una manzana en un plato, pero no quería tomarme el tiempo y el esfuerzo para cortar toda la fruta y ponerla en un bol y servírsela. Quería orar y leer mi Biblia en lugar de eso. En aquel momento pensaba: *¿Por qué siempre tengo que hacer estas cosas por él? ¿Por qué él no hace cosas por mí? Después de todo, tengo que estudiar la Biblia y orar. ¡Ese es mi ministerio!*

Es curioso cómo a veces cometemos el error de pensar que las obras religiosas de alguna manera toman el lugar de la verdadera obediencia y nos hacen más santas, pero no es así. Ese día, el Señor me recordó que servir a Dave de aquella manera en realidad era servirle a Él. Era algo que ponía en práctica la Biblia que me encantaba leer. Así que, obedientemente, preparé la ensalada de frutas y sorprendí a Dave con ella cuando bajó las escaleras, y me sentí en paz con Dios porque supe que había hecho lo que Él quería que yo hiciera.

Me pregunto cuántos matrimonios podrían salvarse de los tribunales de divorcio si los cónyuges estuvieran dispuestos a mostrarse amor sirviéndose el uno al otro en lugar de intentar que sus cónyuges les sirvan. ¿Cuántas personas podrían ser felices en el trabajo, en lugar de ser miserables, si las personas del mismo equipo no estuvieran compitiendo sino ayudándose mutuamente a tener éxito? Parece que actualmente todo el mundo quiere ser libre y Jesús ciertamente nos ha liberado. Sin embargo, Él nunca tuvo la intención de que esa libertad se usara con propósitos egoístas. Gálatas 5:13 dice: "Ustedes han sido llamados a ser libres; pero no se valgan de esa libertad para dar rienda suelta a sus pasiones. Más bien sírvanse unos a otros con amor". Este versículo confirma que Dios quiere que seamos servidoras.

Definitivamente amo a mi esposo. Podría decirle "te amo" veinte veces al día, pero a veces ese amor se expresa mejor a través del servicio. Las palabras son maravillosas, pero cuando caminamos en amor, nuestro compromiso contiene mucho más que palabras. ¿Cómo puedo amar verdaderamente a mi esposo si nunca quiero hacer nada por él?

No recuerdo haber recibido ninguna recompensa en particular la mañana que preparé la ensalada de frutas de Dave. Me lo agradeció, pero no ocurrió nada espectacular como resultado de ese acto de generosidad. Sin embargo, estoy segura de que Dios me recompensó ese día con paz y gozo y un sentido de su presencia. Estoy segura de que Él también dispuso que alguien hiciera algo por mí, algo que esa persona no habría hecho si yo no hubiera sembrado esa semilla de obediencia.

Jesús pronunció unas palabras poderosas, comúnmente llamadas la Regla de Oro, cuando dijo: "Así que en todo traten ustedes a los demás tal y como quieren que ellos los traten a ustedes" (Mateo 7:12). Estoy segura de que las mujeres nos hemos perdido bendiciones de las que ni siquiera sabíamos, simplemente porque no hicimos por los demás lo que nos hubiera gustado que alguien hiciera por nosotras. Queremos que las personas a las que bendecimos nos bendigan a cambio, pero no siempre funciona de esa

manera. Debemos hacer
todo como si lo estuvié-
ramos haciendo para ser-
vir y honrar al Señor, y
luego buscar en Él nues-
tra recompensa.

> *Debemos hacer todo como si lo estuviéramos haciendo para servir y honrar al Señor, y luego buscar en Él nuestra recompensa.*

Si tu matrimonio,
familia o alguna otra relación en tu vida no es lo
que te gustaría que fuera, puedes cambiarlo adop-
tando este principio. Es posible que hayas estado esperando que tu esposo o una amiga hiciera
algo por ti. Tal vez incluso te hayas negado obs-
tinadamente a ser la primera en tomar la iniciati-
va. Te animo a que te tragues tu orgullo y salves
tu relación. Deja de ser una mártir que siempre
está hablando de todos los sacrificios que haces.
Empieza a caminar en verdadero amor y humildad sirviendo a los demás. Haz de ellos el centro
de atención en lugar de ti misma. Al desarrollar el hábito de ser obediente al llamado de Dios
para servirle a Él sirviendo a las personas que te

rodean, no solo bendecirás a los demás, sino que también serás bendecida. Si estás preocupada de que se aprovechen de ti, no es necesario que lo estés. Dios siempre cuidará de ti si sirves a los demás por amor a Él.

Creadores de hábitos

Por lo tanto, mis queridos hermanos, manténganse firmes e inconmovibles, progresando siempre en la obra del Señor, conscientes de que su trabajo en el Señor no es en vano.

1 Corintios 15:58

Les hablo así, hermanos, porque ustedes han sido llamados a ser libres; pero no se valgan de esa libertad para dar rienda

suelta a sus pasiones. Más bien sírvanse
unos a otros con amor.

Gálatas 5:13

Cada uno ponga al servicio de los demás el don
que haya recibido, administrando fielmente la
gracia de Dios en sus diversas formas.

1 Pedro 4:10

CAPÍTULO 22

El hábito de la satisfacción

Una cosecha de paz nace de las semillas de la satisfacción.

—Proverbio indio

Es un placer estar cerca de una mujer que ha adquirido el hábito de la satisfacción. Piénsalo: ¿Cuánto disfrutas de alguien que se queja constantemente de su vida y nunca está satisfecha? ¡No mucho! Pero una mujer que está agradecida por lo que tiene y satisfecha con la vida que Dios le ha dado es una inspiración y un buen ejemplo para los demás. Estar satisfecha no significa nunca querer nada. Simplemente significa que no te obsesionas con querer algo hasta el punto de pensar: *Nunca podré ser feliz hasta que tenga tal y cual cosa.*

Estar satisfecha es reconocer la bondad de Dios en tu vida, darte cuenta de que Él siempre te quiere en las circunstancias adecuadas en el momento adecuado y que Él te dará las bendiciones que puedas manejar. No significa que no tengas esperanza o visión de que tu vida mejore, significa que no permitas que las cosas que no tienes te impidan disfrutar de lo que sí tienes. Cuando escribo sobre las cosas que no tenemos, no me refiero simplemente a cosas materiales, como un auto bonito o ropa bonita. Me refiero a cualquier cosa que podamos desear, incluyendo ciertas relaciones, oportunidades laborales, un mayor nivel de influencia, habilidades o talentos, o experien-

> *Estar satisfecha es reconocer la bondad de Dios en tu vida, darte cuenta de que Él siempre te quiere en las circunstancias adecuadas en el momento adecuado y que Él te dará las bendiciones que puedas manejar.*

cias en la vida. Una mujer satisfecha confía en Dios en todas las cosas, en todo momento, como escribí en el capítulo sobre la confianza en Dios.

Antes pasé varios años de mucha frustración, y parte de mi problema era que no sabía cómo disfrutar el lugar en el que estaba mientras caminaba hacia mi destino. Dios siempre nos llama hacia adelante y los deseos aumentan en nuestras vidas, pero quiere que confiemos en que Él proveerá en el momento indicado y desea que vivamos en paz y con gozo mientras esperamos. Dios tiene un plan maravilloso para nosotras y se desarrolla progresivamente. No tenemos que esperar hasta tener el resultado final para disfrutar y estar satisfechas. Podemos encontrar nuestra satisfacción en Él mientras caminamos hacia el cumplimiento de nuestras esperanzas y sueños.

Eclesiastés 6:9 dice: "Es mejor lo que se ve, que los deseos pasajeros. ¡Pero también esto es vanidad y aflicción de espíritu!" (RVC). El autor de este pasaje (que se cree que es Salomón) está diciendo que un deseo obsesivo por algo que no tenemos es absurdo e inútil y que la mejor manera de vivir es disfrutar de lo que ya tenemos a nuestra disposición.

El apóstol Pablo escribió: "he aprendido a contentarme cualquiera que sea mi situación" (Filipenses 4:11 LBLA), y deberíamos aspirar a hacer lo mismo. Muchas veces, cuando la gente habla de este versículo, se enfoca en la palabra *contentarse*. Pero creo que la palabra *aprender* es igual de importante. Debemos aprender a contentarnos; no sucede automáticamente cuando nos convertimos en cristianas.

No sé tú, pero como mencioné anteriormente, pasaron muchos años antes de que aprendiera a contentarme, incluso como creyente. Creo que a muchas otras mujeres también se les dificulta encontrar la satisfacción. Puede que seas una de ellas. Sabía cómo estar satisfecha si me salía con la mía —si todo funcionaba exactamente como lo había planeado— pero ¿con qué frecuencia sucede eso? Muy pocas veces, en mi experiencia. No sabía absolutamente nada acerca de cómo manejar ni siquiera las dificultades ordinarias que se presentan en la vida de casi todas las mujeres. No sabía cómo adaptarme a otras personas y a nuevas situaciones.

Descubrí que una mujer que solo puede estar satisfecha cuando no hay dificultades en la vida, pasará gran parte de su tiempo inconforme. Eventualmente, llegué a desear tanto la estabilidad que estaba dispuesta a aprender lo que fuera necesario para obtenerla. Quería estar *satisfecha* sin importar lo que estuviera pasando en mi vida.

> *Una mujer que solo puede estar satisfecha cuando no hay dificultades en la vida pasará gran parte de su tiempo inconforme.*

La Biblia Amplificada, Edición Clásica —en inglés— expande la palabra *contentarse* en Filipenses 4:11 de esta manera: "satisfecho al punto de no estar inquieto o intranquilo". Aprecio esta definición porque no dice que debamos estar satisfechas al punto de que nunca queramos un cambio, sino que podemos estar satisfechas al punto de que no estemos ansiosas ni molestas.

Hoy en día, muchas mujeres se sienten insatisfechas y luego comienzan a *buscar satisfacción en los lugares equivocados*. Durante años busqué plenitud y satisfacción en las cosas materiales y el éxito laboral. El resultado fue que nunca lo encontré. Nunca me sentía realmente satisfecha. Por lo general, culpamos de nuestra insatisfacción a alguien o algo. A menudo pensaba que si Dave cambiaba y hacía más de lo que yo quería que hiciera, estaría satisfecha. Pero no importaba lo que él hiciera, no era suficiente. Con el tiempo me dijo que finalmente se había dado cuenta de que no importaba lo que hiciera, nunca podría satisfacerme, por lo que dejaría de esforzarse tanto. También pensé que estaría satisfecha cuando mi ministerio creciera. Pero incluso cuando creció, no dejé de sentirme insatisfecha.

El profeta Jeremías compara buscar satisfacción en los sitios equivocados con cavar cisternas rotas que no retienen agua (Jeremías 2:13). La respuesta a mi constante frustración llegó cuando recibí la revelación de que mi satisfacción tenía que estar en Cristo Jesús. Llegué a entender qué privilegio tan grande era vivir bajo su guía, confiando en que Él jamás me fallaría.

Cuando Pablo dijo que había aprendido a contentarse, estaba diciendo que incluso si no le gustaba particularmente la situación en la que se encontraba, todavía confiaba en Dios. Por lo tanto, su confianza lo mantuvo en completa paz.

Cuando nuestras mentes están enfocadas en la presencia de Dios y su bondad en nuestras vidas, estamos satisfechas y en paz (Isaías 26:3). Lo que Dios nos ofrece es mejor que cualquier cosa que el mundo nos pueda dar. Él es nuestro mayor tesoro, y nada se compara con conocerlo y experimentar su amor y guía todos los días. Si conoces a Dios, lo tienes todo. Puedes confiar en que Él satisfará tus necesidades y conocerá los deseos de tu corazón. Puedes descansar y aprender a desarrollar el hábito de la satisfacción en Él.

Creadores de hábitos

Confía en el Señor y haz el bien; establécete en la tierra y mantente fiel. Deléitate en el Señor, y él te concederá los deseos de tu corazón.

Salmo 37:3-4

Más bien, busquen primeramente el reino de Dios y su justicia, y todas estas cosas les serán añadidas.

Mateo 6:33

Así que mi Dios les proveerá de todo lo que necesiten, conforme a las gloriosas riquezas que tiene en Cristo Jesús.

Filipenses 4:19

Manténganse libres del amor al dinero, y conténtense con lo que tienen, porque Dios ha dicho: «Nunca te dejaré; jamás te abandonaré».

Hebreos 13:5

CAPÍTULO 23

El hábito de la excelencia

Somos lo que hacemos repetidamente. La excelencia, entonces, no es un acto sino un hábito.

—Aristóteles

Una mujer piadosa forma el hábito de ser excelente en todo lo que hace, incluso en un mundo lleno de mediocridad. La excelencia es un aspecto de todo lo que Dios nos llama a ser, y distingue a los creyentes del mundo de una manera positiva. Dios mismo es excelente, y de acuerdo con Génesis 1:27, fuimos creados a su imagen, por lo que es importante para nosotras esforzarnos por ser excelentes también. De hecho, para alcanzar todo nuestro potencial en Él y cumplir su propósito para nuestras vidas, tenemos que ser excelentes.

Es fácil pensar en ser excelentes en términos de nuestras acciones. Y es verdad: demostramos excelencia haciendo las cosas bien, pero la excelencia comienza en nuestros corazones; es una actitud. Una de las personas en la Biblia que demuestra esto es Daniel. Según Daniel 5:12, él tenía "excelencia de espíritu" (RVA-2015). Si no tenemos un espíritu excelente (es decir, una actitud de excelencia), cederemos en muchas cosas y nos contentaremos con la mediocridad. Elije ser excelente, ir más allá y haz todo lo mejor que puedas, y para honrar a Dios.

La excelencia es una virtud de gran calidad que debe alcanzarse. Significa hacer más de lo que tenemos que hacer para salir adelante o hacer algo mejor de lo necesario. También significa actuar

> *La excelencia comienza en nuestros corazones; es una actitud.*

lo mejor que podamos en toda situación, pero *no* significa perfección. Es importante hacer esta distinción, porque muchas mujeres tienden a ser perfeccionistas. El perfeccionismo conduce a la frustración y hace que las personas sientan que han fracasado cuando no lo logran. Pero la excelencia se siente fortalecedora y gratificante.

Para comenzar a desarrollar el hábito de la excelencia, te animo a que seas consciente de la mediocridad para que siempre puedas ir más allá. Por ejemplo, es fácil barrer al centro de una habitación, pero para ser excelente, hay que barrer debajo de los bordes de los mostradores y también debajo de los muebles. Es fácil llegar tarde a una cita y no considerar cómo tu tardanza afecta a la persona que te espera. También es fácil completar rápidamente un reporte de gastos en el trabajo y entregarlo a la oficina de contabilidad, pensando que revisarán los cálculos, pero una persona excelente verifica que todo esté en orden y debidamente documentado, y lo verifica dos veces para asegurarse de que la adición es correcta. Dios no nos ha llamado a tomar el camino fácil. Nos ha llamado a ser excelentes.

También creo que es útil, cuando estás desarrollando el hábito de la excelencia, idear algún tipo de sistema que te recuerde salir de tu zona de confort o ir más allá de lo mediocre. Me gusta crear notas o carteles para recordarme ciertas cosas. A medida que desarrolles el hábito de la excelencia, podrías simplemente escribir la palabra *excelencia* en una nota adhesiva y ponerla en lugares estratégicos. Esa palabra será suficiente para recordarte lo que debes hacer.

También soy partidaria de las confesiones verbales. Podrías considerar decir en voz alta varias veces al día: "Hago todo lo que hago con excelencia". Después de hacer esto por un tiempo, podrías extender tu confesión y decir: "Cuido de manera excelente a mí misma y a las personas de mi familia", o "Administro los recursos que Dios me ha dado con excelencia" o "Hago mi trabajo con excelencia". Tú eres consciente de las distintas áreas de tu vida, por lo que puedes pensar en las confesiones que serán más efectivas para ti. Los hábitos se desarrollan a través de la repetición, por lo que cuanto más practiques, más arraigado se volverá el hábito de la excelencia en ti.

Un aspecto importante de la excelencia está relacionado con la manera en que tratamos a otras personas. Podemos ser excelentes en todas las demás áreas de nuestras vidas —no dejamos una mota de polvo en ningún lugar cuando limpiamos la casa, o realizamos todos los aspectos de nuestro trabajo con integridad y con los más altos estándares, o continuamente vamos más allá de lo que el deber exige para llevar a cabo cualquier tarea que afrontamos mejor que nadie—, pero no somos realmente excelentes si tratamos mal a los demás. A veces podemos fallar y no alcanzar el estándar

> *Un aspecto importante de la excelencia está relacionado con la manera en que tratamos a otras personas.*

de amor de Dios. No somos perfectas y no vamos a amar perfectamente; solo Dios puede hacer eso. Pero podemos tener un corazón que ame a los demás de manera excelente, y Él lo honrará.

No hay nadie en la tierra que Dios no valore. Él creó a todas las personas, y ama a cada una y no le agrada ver a alguien maltratado. Por reverencia a Él, debemos ser corteses, respetuosas y agradecidas con todos. También debemos buscar algo para afirmar en las personas que nos rodean y encontrar alguna forma de animarlas. Todos quieren sentirse valiosos y amados, y muchas personas luchan con sentimientos de baja autoestima. Como mujeres piadosas, tenemos el poder del Espíritu Santo dentro de nosotras y tenemos el amor de Dios en nuestros corazones (Romanos 5:5), por lo que tenemos la capacidad de expresar amor a los demás.

El apóstol Pablo entendió el amor y escribió lo que se conoce como "el capítulo sobre el amor" de la Biblia, 1 Corintios 13. Al comienzo de ese capítulo, básicamente dice que él podía hacer todo en el mundo mejor que nadie y al extremo más lejano, pero sin amor en su corazón, nada de eso importaba. Eso es lo que siento acerca de los hábitos de este libro. Puedes ser genial en todos ellos. Puedes ser mejor que cualquier persona, pero si tus hábitos no están motivados por el amor, son simplemente buenas prácticas. Tienen algo de valor práctico por sí mismos, pero adquieren un nivel completamente nuevo de propósito y alegría cuando se realizan con amor. Para aprovechar al máximo cada uno, asegúrate de que lo practicas con un corazón lleno de amor por Dios y por las personas.

Según el apóstol Pablo, el amor es el camino más excelente: "Ustedes, por su parte, ambicionen los mejores dones. Ahora les voy a mostrar un camino más excelente [el mejor y más grande de todos: el amor]" (1 Corintios 12:31). Cuando amamos a los demás, podemos estar seguras de que estamos viviendo de la manera más excelente.

Creadores de hábitos

Esto es lo que pido en oración: que el amor
de ustedes abunde cada vez más en
conocimiento y en buen juicio, para que
disciernan lo que es mejor, y sean puros e
irreprochables para el día de Cristo.

Filipenses 1:9-10

Por último, hermanos, consideren bien todo
lo verdadero, todo lo respetable, todo lo justo,
todo lo puro, todo lo amable, todo lo digno
de admiración, en fin, todo lo que sea
excelente o merezca elogio.

Filipenses 4:8

Hagan lo que hagan, trabajen de buena gana,
como para el Señor y no como para nadie
en este mundo.

Colosenses 3:23

CAPÍTULO 24

El hábito de la disciplina y el autocontrol

Pues Dios no nos ha dado un espíritu de timidez, sino de poder, de amor y de dominio propio.

—2 Timoteo 1:7

A. B. Simpson escribe en su libro *The Gentle Love of The Holy Spirit* [*El dulce amor del Espíritu Santo*] que "la templanza, que es disciplina y autocontrol, es verdadero amor propio, y la debida consideración por nuestros intereses, es tanto el deber del amor como la consideración por los intereses de los demás".[1]

Si no nos cuidamos a nosotras mismas, no podremos ayudar ni cuidar a los demás. El mejor regalo que puedes dar a tu familia y amigos es mantenerte saludable, y mantenerte saludable requiere disciplina. El trabajo es bueno para nosotras, pero debe equilibrarse con un buen descanso y un sueño reparador. Necesitamos comer alimentos saludables, beber agua limpia y pura en abundancia, hacer suficiente ejercicio, reír y divertirnos y eliminar el exceso de estrés de nuestras vidas. No siempre hacía esto y eventualmente me puse muy enferma. Afortunadamente, aprendí de mis malos hábitos y ahora trabajo de manera más inteligente, en lugar de trabajar más duro. Logro mucho, pero lo hago a un ritmo saludable para mí, dedicando tiempo a disfrutar de la vida que Dios me ha dado.

---

[1] Nota del Editor. Traducido directamente del original.

He tenido que romper malos hábitos y formar buenos hábitos muchas veces. Sé por experiencia que el proceso de reemplazar malos hábitos por hábitos virtuosos no es fácil. Quiero ser una gran motivadora para ti a medida que desarrollas los hábitos de una mujer piadosa, pero también quiero que sepas que entiendo que hacerlo a veces puede ser difícil. Hay hábitos nuevos que parecen resultar fáciles para algunas personas, y espero que algunos te resulten fáciles a ti. Hay otros hábitos que son difíciles de desarrollar. Muchos hábitos virtuosos provienen principalmente de la disciplina y el autocontrol, junto con la ayuda del Espíritu Santo.

La disciplina y el autocontrol no siempre son conceptos populares porque requieren que renunciemos a algo, tal vez nuestro tiempo libre, a la relajación o algo que consideramos divertido, aunque sabemos que no es bueno para nosotras. Pero la disciplina y el autocontrol también nos benefician al ayudarnos a incorporar buenas cualidades y actitudes en nuestra vida, y son esenciales si queremos desarrollar los hábitos de una mujer piadosa. Los hábitos de la disciplina y el autocontrol hacen posibles todos los demás buenos hábitos, porque los hábitos rara vez surgen de la nada. Se desarrollan a medida que los practicamos una y otra vez.

Hebreos 12:11 nos enseña que "ninguna disciplina, en el momento de recibirla, parece agradable, sino más bien penosa; sin embargo, después produce una cosecha de justicia y paz para quienes han sido entrenados por ella". Incluso el escritor de Hebreos entendía que la disciplina no es algo que nos haga sentir alegres.

> *Los hábitos de la disciplina y el autocontrol hacen posibles todos los demás buenos hábitos, porque los hábitos rara vez surgen de la nada.*

En realidad, ¡es difícil! Pero conduce a algo maravilloso. Estoy segura de que has oído el viejo dicho: "Sin esfuerzo, no hay recompensa". Y es verdad. Cuando queremos algo que vale la pena, casi siempre debemos esforzarnos para conseguirlo.

Tres versículos en Juan 14 son muy útiles para cualquiera que desee desarrollar hábitos virtuosos y esté dispuesto a hacer los esfuerzos necesarios para lograrlo. En Juan 14:16-17, Jesús dice: "Y yo le pediré al Padre, y él les dará otro Consolador para que los acompañe siempre: el Espíritu de verdad, a quien el mundo no puede aceptar porque no lo ve ni lo conoce. Pero ustedes sí lo conocen, porque vive con ustedes y estará en ustedes". En Juan 14:26, Jesús dice: "Pero el Consolador, el Espíritu Santo, a quien el Padre enviará en mi nombre, les enseñará todas las cosas y les hará recordar todo lo que les he dicho". Las palabras de Jesús nos aseguran que el Espíritu Santo nos ayudará a hacer todo lo que Dios nos pida. Si hacemos nuestro mejor esfuerzo para desarrollar hábitos virtuosos, podemos contar con Él para que nos ayude en todos los sentidos. Necesitamos tener el deseo y hacer un esfuerzo para ser disciplinadas y ejercer el autocontrol, pero no tenemos que hacer nada solas. Él siempre está con nosotras para guiarnos y fortalecernos.

Aunque la idea de la disciplina no nos hace felices al principio, su propósito es darnos alegría. Dios quiere que seamos felices y disfrutemos de nuestra vida. He llegado a la conclusión de que no seremos verdaderamente felices ni disfrutaremos realmente de nuestra vida si no estamos comprometidas con la disciplina y el autocontrol. Solo piensa en algunas de las personas más infelices que conoces y pregúntate si son personas disciplinadas o si saben cómo controlarse. La respuesta a ambas preguntas probablemente sea negativa. Muchas veces, las personas infelices se sienten mal consigo mismas y presionadas por sentimientos de frustración, fracaso o culpa. Casi siempre tienen malos hábitos. Cuando pienso en ellas, siento compasión, y pienso que, seguramente, a largo plazo habría sido mejor para ellas pasar por el esfuerzo de ser disciplinadas que haber permanecido infelices durante años debido a hábitos negativos o destructivos. Quizás algunas de esas personas desearían haberse tomado el tiempo y la energía necesarios para desarrollar buenos hábitos.

He escuchado a mucha gente decir: "Simplemente no soy una persona disciplinada" o "Necesito ser más disciplinada". La disciplina nunca llega por desearla, sino por la voluntad de atravesar un proceso que puede ser difícil o doloroso a fin de pasar de un lugar negativo a un buen lugar. Pablo le dijo a Timoteo que Dios nos ha dado un espíritu de disciplina y dominio propio (2 Timoteo 1:7). Pero hay una diferencia entre tener algo y utilizarlo. Empieza por creer que tienes disciplina y autocontrol, y luego trabaja con el Espíritu Santo para desarrollarlo e incorporarlo a tu vida.

Escribo honestamente sobre la disciplina y el autocontrol en este capítulo y trato de ser franca sobre el hecho de que no son fáciles. También quiero animarte a no pensar tanto en la dificultad de formar un nuevo hábito, sino a enfocarte en la alegría y la libertad que vendrán a medida que ese hábito se arraigue en tu rutina diaria y en tu vida. Recuerda que, como mencioné en la introducción, se necesitan veintiún a treinta días para desarrollar un nuevo hábito. Te sugiero que no cuentes los días que te quedan, sino los días que ya has tenido éxito. Piensa en lo lejos que has llegado cada día en lugar de pensar en lo lejos que todavía tienes que llegar. Celebra la disciplina que ya has practicado en lugar de temer lo que aún te espera.

> *No pienses demasiado en la dificultad de formar un nuevo hábito, sino enfócate en la alegría y la libertad que vendrán a medida que ese hábito se arraigue en tu rutina diaria y en tu vida.*

Dios envió a Jesús a la tierra para que pudieras tener vida en abundancia y disfrutarla plenamente (Juan 10:10). Él quiere que seas feliz. ¿Puedes decir que estás disfrutando tu vida? ¿O acaso algún tipo de hábito que debe romperse y reemplazarse por uno virtuoso te está impidiendo entrar plenamente en la asombrosa calidad de vida que Jesús murió para darte? Si es así, entonces, ¿qué estás esperando? Acabas de terminar casi un libro entero sobre hábitos que mejorarán enormemente tu vida. Recuerda que crear o romper un hábito toma tiempo, por lo que cada día que continúes y sigas trabajando en desarrollar hábitos virtuosos te llevará a estar más cerca de una vida mejor y más feliz.

Creadores de hábitos

Como ciudad sin defensa y sin murallas
es quien no sabe dominarse.

Proverbios 25:28

¿No saben que en una carrera todos los corredores compiten, pero solo uno obtiene el premio? Corran, pues, de tal modo que lo obtengan. Todos los deportistas se entrenan con mucha disciplina. Ellos lo hacen para obtener un premio que se echa a perder; nosotros, en cambio, por uno que dura para siempre.

Así que yo no corro como quien no tiene meta; no lucho como quien da golpes al aire. Más bien, golpeo mi cuerpo y lo domino, no sea que, después de haber predicado a otros, yo mismo quede descalificado.

1 Corintios 9:24-27

Y ya han olvidado por completo las palabras de aliento que como a hijos se les dirigen: «Hijo mío, no tomes a la ligera la disciplina del Señor ni te desanimes cuando te reprenda, porque el Señor disciplina a los que ama, y azota a todo el que recibe como hijo».

Hebreos 12:5-6

CAPÍTULO 25

Ocho maneras prácticas de desarrollar hábitos virtuosos

Nunca cambiarás tu vida hasta que cambies algo que haces a diario. El secreto de tu éxito se encuentra en su rutina diaria.

—John C. Maxwell

Cuanto más desarrolles los hábitos de una mujer piadosa, más podrás mirar hacia el futuro con esperanza y expectativa confiada de cosas buenas. A medida que trabajas para desarrollar buenos hábitos con la ayuda de Dios, cada día puede ser una aventura en progreso y no otro día perdido haciendo las mismas cosas de siempre. Todo hábito virtuoso que desarrolles mejorará tu vida y te hará más feliz.

En mi vida, he descubierto que tiendo a retroceder si no tomo medidas para avanzar. La vida no permanece estancada por mucho tiempo. Incluso cuando parece que no sucede nada, Dios siempre se está moviendo, al igual que el enemigo. Podemos elegir movernos en la dirección de Dios o dejarnos arrastrar en la dirección del enemigo.

Dios te ama y tiene un plan asombroso para tu vida, un plan que el enemigo busca evitar que suceda. Dios tiene una vida de gozo y propósito para ti, una vida que el enemigo busca robar, matar y destruir (Juan 10:10). Llegarás lejos con Dios y en la vida, a la par que interrumpirás los planes del enemigo, si desarrollas los hábitos que caracterizan a una mujer piadosa.

Estoy agradecida de que hayas leído este libro hasta el final, pero simplemente leerlo no es suficiente, como tampoco lo es simplemente saber acerca de los hábitos de una mujer piadosa. Ahora es el momento de tomar decisiones perdurables para realmente incorporar buenos hábitos en tu vida y hacerlos parte de cómo vives todos los días. Oro porque estés

> *Llegarás lejos con Dios y en la vida, a la par que interrumpirás los planes del enemigo, si desarrollas los hábitos que caracterizan a una mujer piadosa.*

lista para hacer eso, y creo que, al hacerlo, vas a experimentar mayor gozo, paz, amor y plenitud de los que has tenido en toda tu vida.

Me gustaría terminar este libro con ocho maneras prácticas de desarrollar hábitos virtuosos. Espero que las practiques con frecuencia a medida que desarrollas los hábitos de una mujer piadosa mencionados en este libro y otros buenos hábitos que el Señor te indique.

1. Elije un aspecto en el que te gustaría desarrollar un hábito virtuoso.

Puede ser un aspecto en el que piensas que no tienes ningún hábito ahora mismo. Por ejemplo, quisieras desarrollar el hábito de hacer ejercicio con regularidad, pero por el momento no haces ningún ejercicio. O tal vez tienes malos hábitos en un aspecto determinado y quisieras eliminarlos y reemplazarlos por buenos. Un ejemplo simple de esto podría ser que actualmente comes muchos dulces y bebes muchas bebidas azucaradas, pero deseas desarrollar el hábito de comer y beber de manera saludable. En ese caso, podrías romper con el mal hábito simplemente eligiendo algo saludable. Siempre es mejor comenzar con un hábito. Entonces, tu victoria en ese aspecto determinado aumentará tu fe para avanzar hacia el próximo buen hábito que desees desarrollar.

2. Sé clara y específica acerca del hábito que deseas incorporar en tu vida.

Una vez que hayas elegido un hábito que te gustaría desarrollar, ten claro lo que quieres lograr. Parte de esa claridad vendrá al pensar y orar acerca de tu nuevo hábito y al ser específica al respecto. Por ejemplo, podrías proponerte desarrollar el hábito del crecimiento espiritual. Sería maravilloso, pero es un poco difícil de determinar. En su lugar, podrías decir: "Quiero crecer espiritualmente reorganizando mi rutina de la mañana para pasar más tiempo en oración con Dios antes de empezar mi día", o "Estoy comprometida a crecer espiritualmente estudiando mi Biblia todos los días y participando activamente en el estudio bíblico semanal en la iglesia".

3. Alinea tus pensamientos y palabras con el hábito virtuoso que deseas crear.

Los pensamientos y las palabras tienen un poder asombroso para crear resultados en nuestras vidas. Cuando pensamos y hablamos de acuerdo con la Palabra de Dios, suceden cosas maravillosas. Proverbios 23:7 dice que nos convertimos en lo que pensamos y Proverbios 18:21 dice: "En la lengua hay poder de vida y muerte". He enseñado mucho sobre estos versículos en el curso de mi ministerio y no puedo sobrevalorar la importancia y el poder de sus principios. Cuando alineamos nuestro pensamiento y nuestro hablar con lo que Dios dice y con las formas en que Él está obrando en nuestra vida, nos ponemos de acuerdo con Él y nos posicionamos para experimentar lo que creemos que Él hará. Por ejemplo, si deseas desarrollar el hábito del perdón, una excelente manera de avanzar en esa dirección es pensar y decir con frecuencia: "Me estoy volviendo una persona más indulgente cada día".

4. Ora constantemente para desarrollar nuevos hábitos.

Espero que siempre recuerdes que puedes orar por cualquier cosa. Nada es demasiado pequeño o insignificante para Dios; Él se preocupa por todos los aspectos de tu vida. Un nuevo hábito que te gustaría desarrollar no tiene que ser considerado espiritual, como estudiar más la Biblia u orar más, para que Dios se preocupe por ello. Le interesa cualquier cosa que te ayude a disfrutar de una vida mejor. A medida que incorporas hábitos virtuosos a tu vida, te animo a que los fortalezcas con oración, pidiendo a Dios su ayuda y sabiduría para ayudarte a establecerlos de la manera que Él crea que es mejor para ti.

5. Concéntrate en desarrollar un hábito virtuoso, no en eliminar un mal hábito.

Siempre tienes una opción cuando piensas en qué enfocarte. Puedes enfocarte en algo positivo o negativo. Romanos 12:21 dice que vencemos el mal a fuerza de bien. Esto es cierto en todos los aspectos de la vida. Cuando queremos reemplazar un mal hábito por uno bueno, podemos emplear nuestra energía tratando de eliminar el malo o tratando de construir el bueno. Por ejemplo, si una persona está tratando de romper con el hábito de quejarse, puede concentrarse en el hecho de que se quejó de su jefe dos veces en un día o en el hecho de que dejó de quejarse una vez ese día.

Centrarse en los aspectos positivos de una situación hará que crezca la positividad y te mantendrá motivada para desarrollar buenos hábitos.

6. Encuentra un sistema de apoyo.

No importa lo que hagas, es más fácil cuando tienes un sistema de apoyo. En términos de desarrollar hábitos virtuosos, ese sistema de apoyo podría ser un grupo de personas que te alienten y te hagan saber amablemente si estás volviendo a las viejas costumbres en lugar de adoptar las nuevas. También podría ser algún tipo de aplicación en tu teléfono, en caso de que sea apropiado para el hábito que estás tratando de desarrollar, o pequeñas notas en lugares estratégicos de tu hogar u oficina que te recuerden hacer cosas que te ayudarán a formar tu nuevo hábito. Además, como creyentes, siempre tenemos al Espíritu Santo, que nos fortalece y nos ayuda. Cada vez que busques desarrollar un nuevo hábito, Él está ahí para ayudarte.

7. Tómate tu tiempo.

Si deseas hacer algo diferente en tu vida, es posible que puedas hacerlo durante uno o dos días, pero la mayoría de las personas automáticamente vuelven a sus viejas costumbres. Desarrollar verdaderamente un hábito virtuoso que se convertirá en parte de tu vida puede exigir cambios en tu estilo actual, y probablemente requerirá tiempo y energía. Podrías sentirte abrumada fácilmente y luego querer darte por vencida si intentas abordar demasiados a la vez. Lo más aconsejable es enfocarte en el día a día, dándote cuenta de que los cambios perdurables casi nunca ocurren rápidamente. No esperes desarrollar un nuevo hábito virtuoso al instante. Alístate para comprometerte con un proceso que durará toda la vida.

8. Celebra los pasos positivos a lo largo del camino.

Desarrollar un hábito virtuoso es un proceso que requiere tiempo. Si eres como la mayoría de las personas, no establecerás un nuevo hábito sin cometer algunos errores en el camino o sin volver a caer en viejas costumbres ocasionalmente. Es importante seguir avanzando, incluso cuando sientas que has dado un paso hacia atrás. No dejes que los errores te detengan o que incluso reduzcan tu progreso. Sigue avanzando hacia el hábito que te has comprometido a establecer y celebra cada paso en la dirección correcta. Puedes sentir la tentación de no admitir tu progreso hasta que no sientas que has llegado a la meta, pero resiste. En cambio, alégrate por cada logro que vas alcanzando. Por ejemplo, puedes trabajar en desarrollar un hábito de generosidad y darte cuenta de que, durante tres días seguidos, has hecho algo para servir a un miembro de la familia o un compañero de trabajo. Eso es motivo de celebración. Además, recuerda siempre agradecer a Dios por tus éxitos, porque no podrías haberlo hecho sin Él.

* * *

Estoy llena de esperanza al pensar en las formas en que tu vida va a cambiar a medida que desarrolles los hábitos de una mujer piadosa. Habrá momentos en que el proceso no resultará fácil, pero sé que, con la ayuda de Dios, podrás lograrlo. Creo que todos los hábitos sobre los que he escrito en este libro son hábitos hermosos para desarrollar en tu vida. Te harán más parecida a Jesús y te ayudarán a representarlo mejor. Te animo a trabajar con el Espíritu Santo para desarrollar estos hábitos y cualquier otro que Dios imprima en tu corazón.

Recientemente, el Espíritu Santo me animó a formar el hábito de nunca criticar a nadie. Ni siquiera me consideraba una persona criticona, pero cuando Dios me abrió los ojos, vi que tenía mucho margen para mejorar. Realmente disfruto crecer en Dios y creo que tú también lo harás.

Oremos para que Dios nos guíe en nuestro camino de madurez espiritual y en el desarrollo de los hábitos de una mujer piadosa.

Sobre la autora

Joyce Meyer es una de las principales maestras prácticas de la Biblia en el mundo. Autora de éxitos de ventas del *New York Times*, los libros de Joyce han ayudado a millones de personas a encontrar esperanza y restauración a través de Jesucristo. El programa de Joyce, *Disfrutando la vida diaria*, se transmite en todo el mundo por televisión, radio e Internet. A través de Ministerios Joyce Meyer, enseña internacionalmente sobre varios temas enfocándose en cómo la Palabra de Dios aplica a nuestra vida diaria. Su cálido y genuino estilo de comunicación le permite compartir de manera abierta y práctica acerca de sus experiencias para que otros puedan aplicar a lo que ella ha aprendido.

Joyce ha escrito más de cien libros que se han traducido a más de cien idiomas, y se han distribuido en el mundo más de 65 millones. Sus éxitos de ventas incluyen *Pensamientos de poder*; *Mujer segura de sí misma*; *Luzca estupenda, siéntase fabulosa*; *Empezando tu día bien*; *Termina bien tu día*; *Adicción a la aprobación*; *Cómo oír a Dios*; *Belleza en lugar de cenizas* y *El campo de batalla de la mente*.

La pasión de Joyce por ayudar a las personas que sufren es fundamental para la visión de *Hand of Hope*, el brazo misionero de Ministerios Joyce Meyer. *Hand of Hope* ofrece programas humanitarios en todo el mundo, como alimentación, cuidado médico, orfanatos, respuesta a desastres, intervención en el tráfico humano y rehabilitación, y mucho más, siempre compartiendo el amor y el evangelio de Cristo.

MINISTERIOS JOYCE MEYER

DIRECCIONES DE LAS OFICINAS EN

ESTADOS UNIDOS Y EN EL EXTRANJERO

Ministerios Joyce Meyer
Apartado 655
Fenton, MO 63026
Estados Unidos
(636) 349-0303

**Ministerios Joyce Meyer
— Canadá**
Apartado 7700
Vancouver, BC V6B 4E2
Canadá
(800) 868-1002

**Ministerios Joyce Meyer
— Australia**
Bolsa cerrada 77
Centro de entrega de

Mansfield
Queensland 4122
Australia
(07) 3349 1200

**Ministerios Joyce Meyer
— Inglaterra**
Apartado 1549
Windsor SL4 1GT
Reino Unido
01753 831102

**Ministerios Joyce Meyer
— Sudáfrica**
Apartado 5
Cape Town 8000 Sudáfrica
(27) 21-701-1056